Europas Grenzen: Flucht, Asyl und Migration
Eine kritische Einführung

Kritische Einführungen 1

Über den Autor:

Bernd Kasparek ist Mathematiker und Kulturanthropologe und forscht seit über zehn Jahren zum europäischen Grenzregime. Er ist Gründungsmitglied des Netzwerks für Kritische Migrations- und Grenzregimeforschung und Vorstandsmitglied der Forschungsassoziation bordermonitoring.eu. Zahlreiche Aufsätze zum europäischen Grenzregime, insbesondere auch zu Frontex. Mitherausgeber von »Grenzregime – Diskurse, Praktiken, Institutionen in Europa« (zusammen mit Sabine Hess); Redaktionsmitglied von *movements – Journal für kritische Migrations- und Grenzregimeforschung*.

Dank:

Mein Dank gilt dem Netzwerk für Kritische Migrations- und Grenzregimeforschung (kritnet) und der kollektiven Wissensproduktion.

Bernd Kasparek

Europas Grenzen: Flucht, Asyl und Migration

Eine kritische Einführung

BERTZ + FISCHER

Bibliografische Information
der Deutschen Nationalbibliothek
Die Deutsche Nationalbibliothek verzeichnet diese
Publikation in der Deutschen Nationalbibliografie;
detaillierte bibliografische Daten sind im Internet über
http://dnb.dnb.de abrufbar.

Umschlaggestaltung:
D.B. Berlin

Umschlagfoto:
EUBAM

Erweiterte und aktualisierte Neuauflage

Wrangelstr. 67, 10997 Berlin
Printed in Poland
ISBN 978-3-86505-757-0

Inhalt

Einleitung

Seit dem Jahr 2000 sind über 30.000 Flüchtlinge im Mittelmeer ertrunken: Die hochgerüsteten Außengrenzen der EU zwingen Schutzsuchende auf immer gefährlichere, nicht selten tödliche Fluchtwege. Dieses tausendfache Sterben nehmen die politisch Verantwortlichen bis heute in Kauf: Die ansonsten gern beschworenen universellen europäischen Werte – Humanität und Menschenrechte – werden so als Worthülsen entlarvt. Dass Flüchtende sich dennoch nicht davon abhalten lassen, auch im abgeschotteten Schengenraum Asyl zu suchen, haben die Fluchtbewegungen über die »Balkanroute« im Jahr 2015 auch dem letzten Europäer gezeigt.

Seither wird die Frage nach den Grenzen in und vor allem um Europa neu gestellt. Während im Inneren der Union daran gearbeitet wird, zum Zustand der Reisefreiheit ohne Binnengrenzkontrollen zurückzukehren, sollen die Grenzen nach außen wieder unter Kontrolle gebracht und die sogenannte irreguläre Migration reduziert werden. All jene MigrantInnen und Flüchtlinge aber, die ihren Weg nach Europa trotz der vielfältigen Kontroll- und Abwehrmaßnahmen finden, sind mit dem Problem konfrontiert, welcher Aufenthaltsstatus und welche sozialen und politischen Rechte ihnen zugestanden werden.

Die Diskussionen, die in Europa um diese Fragen geführt werden, sind keineswegs neu. Die Entwicklung der europäischen Migrations- und Grenzpolitik lässt sich bis in die 1970er Jahre zurückverfolgen, und sie ist eng mit dem Fortschreiten des europäischen Projekts selbst verbunden. Die Vielzahl der existierenden nationalen Politiken, Praxen und Gesetzgebungen, die phasenweise beschleunigte Zentralisierung von Kompetenzen und die hohe Anzahl beteiligter Akteure prägen den langwierigen Prozess von Harmonisierung und Anpassung. Gerade die Migrationspolitik ist eine Querschnittsaufgabe, die in so unterschiedliche Politikfelder wie Arbeit, Soziales, Innere Sicherheit, Außenpolitik und Entwicklungspolitik hineinreicht und für die es keine zentrale Zuständigkeit gibt; multipliziert mit lokalen, nationalen, europäischen und globalen Perspektiven, ergibt sich ein komplexes Feld.

Wenn wir also vom europäischen Grenz- und Migrationsregime sprechen, steht weniger der Despotismus der Grenze im Vordergrund, sondern die Einsicht, dass in diesem Netzwerk von Akteuren, Diskursen, rechtlichen Ordnungen und Infrastrukturen Politik ein ständiger Aushandlungsprozess ist, dessen Ergebnis erst einmal unbestimmt bleibt. Kompetenzstreitigkeiten, *hidden agendas* und kurzfristige Taktiken bestimmen die Entwicklungsrichtung des Regimes dabei genauso wie langfristige Rationalitäten und immer wieder auftretende krisenhafte Momente, die schnelle, oft improvisierte Lösungen erfordern.

Für einen Einführungsband stellt diese Vielschichtigkeit eine Herausforderung dar: Wie lässt sich eine diffuse und sich ständig wandelnde Gemengelage abbilden und in einen linearen, kompakten Text fassen? Und wie lassen sich Intentionen beschreiben, wenn ihre Konsequenzen eher als unbeabsichtigte Nebeneffekte begonnen und sich dann verselbstständigt haben? Das vorliegende Buch entwickelt eine kritische Lesart des europäischen Grenz- und Migrationsregimes. Sie basiert oftmals auch auf Ergebnissen konkreter Forschungen vor Ort, denn eine Deutung des Regimes zu entwickeln heißt eben, kritisch auf Distanz zu *policy*-Dokumenten zu gehen, die Brüssel und die europäischen Hauptstädte in unglaublicher Menge erzeugen und deren Befunde und Zielformulierungen mit den Realitäten vor Ort häufig wenig zu tun haben.

Zwei wichtige Aspekte werden in diesem Band nicht berücksichtigt: die Vielfalt der Migrationsursachen und die Perspektive der Migration selbst. Ihre Eigensinnigkeit, ihre Beharrlichkeit und ihr Wille, sich nicht der Disziplinierung des europäischen Grenzregimes zu unterwerfen, ist letztlich die Kraft, die die Weiterentwicklung der Grenzpolitik vorantreibt und – aus Sicht der europäischen Staaten – überhaupt notwendig macht. Doch anders als bekannte soziale Bewegungen, wie etwa die ArbeiterInnenbewegung oder die Frauenbewegung, agiert die Migration selten in der direkten Öffentlichkeit, konstituiert sich nur selten als Organisation oder gar Partei und betritt nur selten mit einem konkreten Programm die politische Bühne. Aus der noch immer als national definierten Gesellschaft ausgeschlossen, agiert sie meist im Verborgenen und ist selbst vor allem Summe vieler individueller Migrationsprojekte. Und dennoch ist sie Bewegung, nicht nur im physischen, sondern im politischen Sinne. Denn die beharrliche Einforderung eines Platzes in der Gesellschaft und der Beendigung des sozialen und politischen Ausschlusses formuliert eine Vision für und eine Kraft zur Veränderung der Gesellschaft. Wäre diese andere Gesellschaft schon Gegenwart, bedürfte es keines Grenzregimes, um die Migration zu regieren.

Schengen: Nationale Migrationspolitiken und europäische Grenze

Um uns der Geschichte der Grenzen Europas und damit der europäischen Migrationspolitik anzunähern, müssen wir uns zu den Ursprüngen des europäischen Projekts zurückbegeben, also bis in die 1950er Jahre. Bereits der Vertrag von Rom vom 25. März 1957 enthält die Idee der Freizügigkeit nicht nur von Gütern, sondern auch von Personen. Sie entsprang einem paneuropäischen Geist, der die Nationen Europas aufeinander zuwachsen sieht und europäische Binnengrenzen gerne für obsolet erklären würde. Auch wenn in den folgenden drei Jahrzehnten in dieser Hinsicht relativ wenig geschah, so verweist die Präsenz der Idee doch auch auf die innereuropäische Migration, die eine Geschichte von vielen Jahrhunderten hat und den Kontinent prägte. Das gegenwärtige europäische Projekt ist nicht ohne das Wissen um die innereuropäische Arbeitsmigration vor allem in der zweiten Hälfte des 20. Jahrhunderts zu verstehen, die den wirtschaftlichen Aufschwung erst möglich machte und unser heutiges Verständnis von Gesellschaft in Europa nachhaltig beeinflusste.

Die Grenz- und Migrationspolitiken in der zweiten Hälfte des 20. Jahrhunderts unterschieden sich jedoch grundlegend von den heutigen. Sie erstanden in einem langwierigen Prozess, in dem sich auch die Konzepte »Grenze« und »Migration« änderten. Stand Migration nach Ende des Zweiten Weltkriegs zuallererst für die Rückkehr von Flüchtlingen, so verschob sich die Bedeutung bald in Richtung Arbeitsmigration, zumeist innereuropäischer. Das Asylrecht spielte daher bis in die 1970er Jahre eine untergeordnete Rolle.

Die Genfer Flüchtlingskonvention von 1951 war ein direktes Resultat des Zweiten Weltkriegs. Gerade das deutsche Asylrecht war als Konsequenz aus der (politischen) Verfolgung im »Dritten Reich« entstanden. Viele Verfolgte hatten das mörderische NS-Regime nur überlebt, weil sie Zuflucht in einem anderen Land fanden, wie etwa Willy Brandt oder Bertolt Brecht, um nur zwei prominente Beispiele zu nennen. Aufgrund dieser Einsicht wurde das Asylrecht im Grundgesetz verankert (Art. 16) und hatte besonderes Gewicht. Damit unterschied es sich von den entsprechenden Regelungen in den anderen europäischen Staaten.

Bis in die 1970er Jahre wurde es jedoch kaum in Anspruch genommen. Eine vom Grundgesetz geforderte »politische Verfolgung« fand im Westeuropa der Nachkriegszeit per definitionem nicht statt. Geflohenen DDR-BürgerInnen wurde schon aus Staatsräson die bundesrepublikanische Staatsbürgerschaft verliehen, und auch aus anderen Staaten des Ostblocks Geflüchtete wurden relativ freizügig aufgenommen.

Vor dem Hintergrund der globalen Konfrontationsstellung im Kalten Krieg hatten Grenzen einen anderen Stellenwert. Für Europa dominierend war der »Eiserne Vorhang«, der die Aufteilung der Welt in zwei Blöcke handfest symbolisierte. Der Rest der Welt, etwa die sogenannten Blockfreien Staaten, war weit entfernt und spielte erst mal eine untergeordnete Rolle, auch für das Thema Migration.

Fordistische Migration

In den ersten knapp drei Jahrzehnten nach Ende des Zweiten Weltkriegs fand Migration nach Westdeutschland vor allem im Rahmen der organisierten Arbeitsmigration der »Gastarbeit« statt. 1955 wurde der erste Anwerbevertrag mit Italien abgeschlossen, es folgten Abkommen mit Griechenland und Spanien (1960), der Türkei (1961), Marokko (1963), Portugal (1964), Tunesien (1965) und Jugoslawien (1968). Die DDR hatte mit dem System der »Vertragsarbeitsnehmer« ähnliche Abkommen mit Kuba, Algerien, Mosambik, Angola, Polen und

Ungarn geschlossen. Diese Form der Migration wurde als zeitlich begrenzt angesehen, es herrschte die Erwartung vor, dass die ArbeitsmigrantInnen für eine gewisse Zeit zum Arbeiten kommen und danach in ihr Herkunftsland zurückkehren würden. Eine Integration in die deutsche Gesellschaft war weder in Ost noch West erwünscht. Ein Familiennachzug war etwa anfänglich gar nicht vorgesehen und wurde erst ab den 1960er Jahren zögerlich gewährt. 1971 machten die ArbeitsmigrantInnen rund zehn Prozent der westdeutschen ArbeitnehmerInnenschaft aus, und ohne ihre Anwesenheit wäre das »Wirtschaftswunder« der 1950er und 60er Jahre, und damit auch der soziale Aufstieg vieler Deutscher, nicht möglich gewesen. Die »GastarbeiterInnen« wurden vor allem in schlecht bezahlten Bereichen der Wirtschaft eingesetzt, die kaum besondere Qualifikationen erforderten. Dies ermöglichte vielen deutschen ArbeitnehmerInnen den Aufstieg in besser bezahlte Positionen.

1973 verhängte das Bundesministerium für Arbeit und Sozialordnung einen Anwerbestopp. Es wurden keine weiteren Arbeitserlaubnisse erteilt, und die im Land lebenden ArbeitsmigrantInnen sollten in ihre Herkunftsländer zurückkehren. Hintergrund für diese Entscheidung war die sogenannte Ölkrise, die das Ende des fordistischen Kapitalismus markierte und in deren Folge auch in Deutschland der Bedarf an Arbeitskräften zurückging. Konfrontiert mit der Forderung, Deutschland zu verlassen und dann nicht mehr zurückkehren zu können, entschieden sich jedoch viele ArbeitsmigrantInnen zu bleiben und vom Recht auf Familiennachzug Gebrauch zu machen. Paradoxe Konsequenz des Anwerbestopps war es also, dass sich der migrantische Anteil an der Gesamtbevölkerung erhöhte, anstatt wie geplant zurückzugehen. Familiennachzug wurde ab 1973 dann zu einem der Hauptmechanismen für Migration nach Deutschland und wurde als umkämpftes Recht immer wieder eingeschränkt, wie etwa durch die Herabsetzung des Höchstalters nachziehender Kinder.

In der zweiten Hälfte der 1970er Jahre begann die Welt mit ihren Krisen, politischen Konflikten und blutig durchgesetzten Diktaturen näher an Westdeutschland heranzurücken. Die allmähliche Verbreitung von Kommunikationsmitteln und Massentransport machte es überhaupt denkbar, in Deutschland Zuflucht zu suchen. Von der Pinochet-Diktatur Verfolgte (ab 1973) und »Boat-People« aus Vietnam waren die ersten größeren Gruppen, die in der Bundesrepublik und teilweise auch in der

DDR Asyl erhielten. 1980 putschte dann das türkische Militär und begann, Oppositionelle gnadenlos zu verfolgen. Dieses Ereignis markiert den Beginn größerer Fluchtbewegungen nach Deutschland: 1980 lag die Zahl der Asylanträge zum ersten Mal über 100.000. Die Flüchtlinge aus der Türkei wurden dabei ambivalent gesehen. Der türkische Staat stellte einen wichtigen NATO-Partner im Südosten Europas dar, und die deutsche Migrationspolitik zielte immer noch vor allem darauf ab, die ArbeitsmigrantInnen aus der Ära der »Gastarbeit« zur Ausreise zur bewegen. Ausgehend von den neuen Migrationsbewegungen setzten erste Diskussionen ein, das Asylrecht einzuschränken.

Während also die meisten südeuropäischen Länder bis über die 1970er Jahre hinaus Auswanderungsländer waren, lässt sich für die nördlicheren Staaten Europas eine ähnliche Entwicklung skizzieren wie in Deutschland: Bis zur Krise des Fordismus in den 1970ern führte das Wirtschaftswachstum zu einer starken Nachfrage nach migrantischen Arbeitskräften, die entweder über Anwerbeprogramme oder, im Falle Frankreichs und Großbritanniens, über (post-)koloniale Migration befriedigt wurde. Ab den 1970er Jahren versuchten auch diese Staaten, die Zuwanderung zu steuern und zu begrenzen. Mit dem EG-Beitritt weiterer südeuropäischer Staaten wie Griechenland (1981), Spanien und Portugal (beide 1986) kam es zwar zu einer Normalisierung der Migrationen aus diesen Ländern – nicht zuletzt aufgrund der ausgeweiteten Personenfreizügigkeit im Rahmen der EU –, doch gleichzeitig wurden Zuzüge aus den ehemaligen Kolonien und anderen außereuropäischen Ländern drastisch eingeschränkt.

Diese fundamentale Verschiebung der Migrationspolitik von Arbeitsmarktpolitik hin zu einer letztlich polizeilichen Frage der Zugangskontrolle zum nationalen Territorium lässt sich auch auf der Ebene der Regierungsinstitutionen ablesen. In den meisten westeuropäischen Ländern wurde die politische Zuständigkeit für Migration von den Arbeits- und Sozialministerien hin zu den Innenministerien verschoben: Migration wurde damit als Frage der »Inneren Sicherheit« definiert.

Schengen, die Außengrenze und Dublin

Die zu Grenzpolitik gewendete Migrationspolitik wurde so zu einer treibenden Kraft der Europäisierung. Denn Migration, per definitionem ja ein grenzüberschreitendes Phänomen, wurde ein zentrales Feld, auf dem eine vertiefte institutionelle Zusammenarbeit in Europa etabliert wurde. Einmal als gesamteuropäisches politisches »Problem« definiert, sollte ihr auch eine gemeinsame Lösung entgegengesetzt werden. An dieser Lösung wurde vor allem in der sogenannten Trevi-Gruppe (*Terrorisme, Radicalisme, Extremisme et Violence Internationale*) gearbeitet. Ursprünglich war diese hochrangige multilaterale Arbeitsgruppe 1975 außerhalb des EG-Rahmens gegründet worden, um eine grenzüberschreitende Polizeikooperation gegen die Militanz der sozialen Bewegungen der 1970er Jahre zu gewährleisten. Bald weitete die Arbeitsgruppe ihren Fokus jedoch auf das Feld der Migration und des Asyls aus. Damit stellt die Trevi-Gruppe den institutionellen Beginn einer europäisierten Migrations- und Grenzpolitik dar, der eine polizeiliche und versicherheitlichte[1] Logik von Anfang an eingeschrieben war. Erst mit der Unterzeichnung des Vertrags von Maastricht 1992 wurde die Trevi-Gruppe in die »Justiz und Inneres«-Säule der Europäischen Union aufgenommen und dadurch auch formal Teil des EU-Rahmens.

1985 unterzeichneten Vertreter Deutschlands, Frankreichs, der Niederlande, Belgiens und Luxemburgs im luxemburgischen Kurort Schengen das gleichnamige Übereinkommen (Schengen I). Es eröffnete die Perspektive auf eine Abschaffung der Binnengrenzen zwischen diesen fünf Staaten. Im »Schengener Durchführungsübereinkommen« (SDÜ, Schengen II) von 1990 wurde dann ein konkreter Rahmen für dieses Vorhaben geschaffen. Das Ende der Personenkontrollen und die Einführung der Personenfreizügigkeit im »Schengenraum« sollten durch sogenannte Ausgleichsmaßnahmen erreicht werden: Die unterzeichnenden Staaten verpflichteten sich, die Sicherung ihres jeweiligen Teils der Grenze des Schengenraums auszubauen. Auch wurde die Visumspolitik, also die Festlegung der Länder, deren BürgerInnen ein Visum zum Zweck der Einreise benötigten, vereinheitlicht und ein »Schengen-Visum« eingeführt. Ferner wurde die Möglichkeit von Personenkontrollen im Inland sowie ein Rechtsrahmen für grenzüberschreitende Polizeikooperation geschaffen. Zu diesem Zweck wurde auch das »Schengener Informationssystem« (SIS) aufgebaut, die erste supranationale Polizeidatenbank in Europa, die einen grenzüberschreitenden Austausch von Fahndungsdaten, vor allem über Drittstaatsangehörige – MigrantInnen und Flüchtlinge – ermöglichte.

Wenngleich bis heute die Mitgliedstaaten der Europäischen Union die Souveränität über ihre jeweiligen Grenzen behalten haben, so agieren sie dennoch im Rahmen der Schengener Übereinkommen, die 1999 in den europäischen Rechtsrahmen überführt worden sind. Erst aufgrund der Schengener Übereinkommen lässt sich von einer »Europäischen Außengrenze« sprechen, die 1995, mit dem Inkrafttreten von Schengen II, geschaffen wurde. Die Schengener Übereinkommen zielten von Anbeginn auf die Abwehr von Migrationsbewegungen, weswegen auch in der Europäischen Union Grenzpolitiken und Migrationspolitiken eng miteinander verknüpft sind. Schengen steht daher nicht nur für die Grenzpolitik der Europäischen Union, sondern auch für die sich nun entwickelnden Migrationspolitiken sowie für das Netzwerk von Institutionen, Prozessen, Praktiken und Diskursen, die diese Politiken formulieren, umsetzen und fortschreiben.

Nahezu gleichzeitig mit Schengen II wurde 1990 das »Übereinkommen von Dublin« (Dublin I) von den damals zwölf EG-Mitgliedstaaten unterzeichnet. Inhalt des Vertrags sind jene zehn Artikel aus Schengen II, die sich mit den Pflichten gegenüber AsylantragsstellerInnen befassen und von dort kopiert wurden. Dublin I garantiert jedem/r das Recht, einen Asylantrag zu stellen, vor allem aber sollte es eine Praxis unterbinden, die schon damals durch den Begriff »asylum shopping« diffamiert wurde. Oftmals hatten Flüchtlinge nach Ablehnung ihres

Asylantrags in einem anderen Land einen weiteren Antrag gestellt, in der Hoffnung, doch noch als Flüchtling anerkannt zu werden. Dublin I schränkte nun die Möglichkeit mehrfacher Asylanträge ein (»one chance rule«), und zusätzlich wurde die Bewegungsfreiheit für Asylsuchende innerhalb des Schengenraums beschnitten.

Es wurde festgelegt, wie der Staat bestimmt wird, der alleinig für die Durchführung des Asylverfahrens zuständig ist. Hauptkriterium war schon in Dublin I die »rule of first entry«, sprich: Das erste Land, das eine asylsuchende Person betritt, ist auch für die Durchführung des Asylverfahrens zuständig. Dublin I stellt also kein Solidarsystem dar, indem zum Beispiel ein Verteilungsschlüssel festgelegt wird, nach dem etwa größere, bevölkerungsreichere oder wirtschaftsstärkere Länder eine größere Anzahl von Schutzsuchenden aufnehmen sollen. Genauso ignorieren die Dublin-Kriterien auch die individuellen und subjektiven Gründe von Asylsuchenden, in einem bestimmten Land Zuflucht zu suchen, wie etwa Sprachkenntnisse, familiäre Verbindungen und frühere Aufenthalte.

Es sollte noch sieben Jahre dauern, bis Dublin I 1997 schließlich in Kraft trat. In der Zwischenzeit hatten sich aufgrund des Zusammenbruchs der

Sowjetunion und des Ostblocks weitreichende Verschiebungen im Migrationsgeschehen wie auch in den Migrationspolitiken ergeben. Die Entwicklung in Deutschland ist dafür beispielhaft.

»Asylkompromiss« und Grundgesetzänderung

Eine Einschränkung des Asylrechts, wie es im Artikel 16 des Grundgesetzes knapp und daher ohne viel Interpretationsspielraum verankert war (»Politisch Verfolgte genießen Asylrecht«, Absatz 2 Satz 2) wurde schon seit Anfang der 1980er Jahre gefordert. Schon im Bundestagswahlkampf 1980 spielte Migrationspolitik eine wichtige Rolle, und 1982 benannte sie der neue Bundeskanzler Helmut Kohl (CDU) in seiner ersten Regierungserklärung als eines seiner Schwerpunktthemen. Die Regierung erklärte ihre Absicht, den Zuzug nach Deutschland nicht nur zu begrenzen, sondern zu verhindern. In dieser Zeit beginnt auch die Rede vom angeblichen »Missbrauch des Asylrechts«. Ab Mitte der 1980er Jahre verschärft sich die Debatte. Es wird vermehrt eine Grundgesetzänderung gefordert, um das Asylrecht grundsätzlich einzuschränken. In den CDU/CSU-Kampagnen zu den Bundestagswahlen 1987 und 1990 ist diese Forderung prominent vertreten.

Mit der Auflösung der Sowjetunion und dem Ende des Kalten Kriegs setzten neue Migrationen nach Deutschland ein. 1991 begann der erste Jugoslawienkrieg, in dessen Folge sich eine Vielzahl von Kriegsflüchtlingen nach Deutschland retteten. Die Asylantragszahlen stiegen stark an, und im nationalen Taumel der Wiedervereinigung Deutschlands brach sich ein offen zur Schau gestellter Rassismus Bahn. Ab 1990 kam es verstärkt zu gewalttätigen Übergriffen auf Asylsuchende, Migrantinnen und Migranten, die oftmals Todesopfer forderten. Die Ausschreitungen und Pogrome von Hoyerswerda, Mannheim und Rostock-Lichtenhagen wie auch die Morde von Mölln, Solingen und Lübeck stehen nur stellvertretend für eine Welle der Gewalt, die sich in diesen Jahren über Deutschland ausbreitete, begleitet von einem Diskurs über »Asylmissbrauch« und »Überfremdung«. Dieser Rassismus der Straße stand in einer Wechselwirkung mit den Forderungen aus der Politik, nun endlich das Asylrecht einzuschränken. Zum einen befeuerten die politischen Reden, die sehr drastisch und plakativ vorgetragen wurden, die Gewalt; zum anderen wurde der rassistische Mob von der Politik als Beleg dafür herangezogen, dass die »Grenze der Belastungsfähigkeit« erreicht sei. Die zynische Argumentation lautete:

Nur eine Einschränkung des Asylrechts könne dessen gesellschaftliche Akzeptanz bewahren.

Die SPD, die sich einer Grundgesetzänderung bis dahin verschlossen hatte, deren Stimmen aber zum Erreichen der notwendigen Zweidrittelmehrheit gebraucht wurden, begann im August 1992, ausgerechnet nach den tagelangen Pogromen von Rostock-Lichtenhagen, eine politische Kehrtwende. Am 6. Dezember 1992 beschloss dann der Bundestag mit den Stimmen von CDU, CSU, SPD und FDP die Grundgesetzänderung, die historisch als »Asylkompromiss« bezeichnet wird. Der Begriff verschleiert die schweren gesellschaftlichen Auseinandersetzungen und insbesondere die vielen migrantischen Todesopfer rassistischer Angriffe. KritikerInnen sahen in der Änderung die faktische Abschaffung des Grundrechts auf Asyl. Zwar wurde der Satz »Politisch Verfolgte genießen Asylrecht« nicht aus dem Grundgesetz entfernt, es wurden aber in dem neu geschaffenen Art. 16a GG Einschränkungen festgeschrieben sowie eine weitergehende Regelungskompetenz durch Bundesgesetze hinzugefügt. Der Zugang zum Recht auf Asyl wurde dadurch massiv eingeschränkt. Zahlreiche Regelungen des »Asylkompromisses« fanden sich von nun an auch in der europäischen Grenz- und Migrationspolitik. Dennoch ist es nicht richtig zu behaupten, die europäischen Restriktionen bauten auf dem deutschen »Asylkompromiss« auf. Vielmehr setzt der »Asylkompromiss« Maßnahmen um, die schon vorher auf europäischer Ebene diskutiert und entwickelt wurden.

Da ist das Konzept der sicheren Herkunfts- und Drittstaaten. Es erlaubt zum einen, Personen qua Herkunft vom Zugang zum Recht auf Asyl auszuschließen. Und weiter erklärt es die nachweisliche Durchreise durch einen »sicheren Drittstaat«, also einen Staat, der sowohl die Genfer Flüchtlingskonvention als auch die Europäische Menschenrechtskonvention umsetzt, zum Ablehnungsgrund, denn ein Asylantrag hätte bereits in diesem sicheren Drittstaat gestellt werden können. Deutschland erklärte sich als von sicheren Drittstaaten umgeben und machte damit eine Antragstellung nach Einreise auf dem Landweg aussichtslos.

Als weitere Maßnahme sah der »Asylkompromiss« folgerichtig die sogenannte Flughafenregelung vor. Potenzielle AsylantragstellerInnen können demnach noch vor der offiziellen Einreise am Flughafen aufgehalten werden, ihr Asylantrag wird dann in einem eingeschränkten Schnellverfahren geprüft. Das Flughafenverfahren ist im Wesentlichen ein juristischer Trick, der auf einer rein fiktiven Exterritorialität basiert: Aufgrund der formal noch nicht erfolgten Einreise greife der starke grundgesetzliche Schutz des Asylrechts nicht.

Als dritten Punkt sah der »Asylkompromiss« die Schaffung eines neuen Status des »Bürgerkriegsflüchtlings« vor, um die so kategorisierten Flüchtlinge aus dem Asylverfahren herauszuhalten. Praktisch kam er jedoch nur selten zur Anwendung.

Als letzte Neuerung wurde ein eigenständiges Sozialgesetz für Flüchtlinge eingeführt, das »Asylbewerberleistungsgesetz« (AsylbLG) – mit schwerwiegenden Folgen für die Lebensbedingungen von Geflüchteten, deren staatliche Unterstützung es regelt. Wegen der bestehenden Arbeitsverbote, also des systematischen Ausschlusses von Erwerbsarbeit, hatten Flüchtlinge einen Anspruch auf Sozialhilfe. Mit dem AsylbLG wurde dieser Anspruch pauschal um rund 30 % gesenkt. Darüber hinaus folgt das AsylbLG dem Sachleistungsprinzip, welches vorschreibt, Sozialleistungen nicht als Geldzahlungen, sondern beispielsweise durch die Ausgabe von Essens- und Kleiderpaketen oder Wertgutscheinen etc. zu erbringen.

Gleichzeitig wurden das Asylverfahrensgesetz und das Ausländergesetz geändert. Ziel der Reform waren neben dem drastisch eingeschränkten

Zugang zum deutschen Asylsystem die Verschärfung der Bedingungen, unter denen Asylverfahren durchgeführt werden, und die Verschlechterung der Lebensumstände der Asylsuchenden und Geduldeten in Deutschland.

Grenze als Steuerungsinstrument

Die Politik, das Asylrecht nicht *per se* abzuschaffen, sondern den Zugang zu ihm wesentlich zu erschweren, es also zu einem Recht zu machen, das nur unter schwierigen und besonderen Bedingungen in Anspruch genommen werden kann, ist prägend und exemplarisch für die von nun an entstehende europäische Migrations- und Asylpolitik. Sie verkörpert die von vielen als widersprüchlich empfundene Beschwörung humanistischer Werte durch die Europäische Union auf der einen Seite, die sich insbesondere zu der Notwendigkeit eines effektiven Flüchtlingsschutzes bekennt, und den faktischen Bestrebungen, durch das europäische Grenzregime tunlichst wenigen Menschen die Ankunft in Europa zu ermöglichen und sogar ihren Tod billigend in Kauf zu nehmen, auf der anderen.

Hintergrund dieses Paradoxes ist die vorangeschrittene Verrechtlichung der Stellung von Flüchtlingen und MigrantInnen durch internationale und europäische Verträge und Konventionen wie etwa die Genfer Flüchtlingskonvention, die Europäische Menschenrechtskonvention oder die Europäische Grundrechtecharta. Gerade der europäische Einigungsprozess hat zur Auflösung der vormals starken Bindung zwischen Grundrechten und nationaler Staatsbürgerschaft geführt. Auch wenn es eigentlich darum ging, eine Gleichstellung aller UnionsbürgerInnen in allen Staaten der EU zu garantieren, so hatte dies jedoch auch Auswirkungen auf Angehörige von »Drittstaaten«. Eine Abschaffung des Asylrechts und des Flüchtlingsschutzes ist also ohne massive Verwerfungen im internationalen Rechtsgefüge nicht zu bewerkstelligen, und tatsächlich wurde nach den 1990er Jahren das Asylrecht in Europa auch nicht mehr grundlegend infrage gestellt.

Dies steht jedoch im Widerspruch zu den Vorstellungen der meisten Mitgliedstaaten der Europäischen Union, die Migration entweder gar nicht oder nur unter sehr restriktiven, staatlich gesetzten Rahmenbedingungen zulassen wollen. Da die ultimative Entrechtung von Flüchtlingen und MigrantInnen also nicht durchsetzbar ist, kann sich der Kontrollanspruch nur in der Regelung des Zugangs niederschlagen. So entwickelt sich die Grenze zum Ort, an dem Migration gesteuert werden soll, und gleichzeitig zum Instrument, das überhaupt die Möglichkeit von Steuerung verspricht. Die Aufrüstung der europäischen Grenzen ist da nur konsequent. Wenige Jahre nach dem Fall des »Eisernen Vorhangs« und seiner Vielzahl an Zäunen, Mauern, Barrieren und Überwachungsanlagen entsteht in und um Europa eine ganz neue Art von »Vorhang«. Angesichts der globalisierten Welt soll er durchdringbar sein für einige, die unerwünschten anderen jedoch sollen dort abgehalten werden. Um diese Art der Grenzziehung zu ermöglichen, setzt Europa verstärkt auf Technologie.

Anmerkung

1 Der Begriff der »Versicherheitlichung« entstammt den *security studies* und beschreibt die Tendenz, sich gewissen Politikfeldern – wie eben auch der Migrationspolitik – primär unter einer Sicherheitslogik zu nähern; er analysiert die Prozesse dieser Paradigmenwechsel.

Amsterdam: Schritte nach Europa

Ähnlich wie Deutschland, dessen Asylrechtsverschärfung 1993 noch einen nationalen Alleingang darstellte, versuchten auch andere Mitgliedstaaten der Europäischen Union, die jeweiligen Migrationen in den Griff zu kriegen. Vor allem die Staaten im Süden der EU, die ihrerseits ja bis in die 1980er Jahre »Lieferanten« von Arbeitskräften für den Norden waren, sahen sich mit starken Migrationsbewegungen konfrontiert, und zwar aus Albanien (Griechenland und Italien) sowie dem nordafrikanischen und subsaharischen Raum (Spanien). Alle drei Länder reagierten mit einer Politik der harten Hand. Italien etwa setzte Marine und Militärpolizei ein, um die Ankunft von Schiffen aus Albanien zu verhindern, und schreckte auch nicht davor zurück, zeitweise die Häfen in Albanien polizeilich zu besetzen. In Griechenland kam es zu massenhaften Ausweisungen und Abschiebungen von AlbanerInnen.

Spanien reagierte mit einem massiven Ausbau der Grenze im Mittelmeer: Das »Integrierte System der Außengrenzüberwachung« (kurz: SIVE, für »Sistema Integrado de Vigilancia Exterior«) stellte eine bis dahin beispiellose Investition in Grenztechnologie dar. Zwischen 1999 und 2004 flossen rund 150 Millionen Euro in das Projekt, immer auch mit dem Verweis auf die Verpflichtungen Spaniens gegenüber den anderen europäischen Staaten im Rahmen der Schengener Verträge. Auch hier wird der Einsatz von Überwachungstechnologien als humanitäre Maßnahme dargestellt, die Menschenleben rette. Das SIVE wird von der Guardia Civil, der paramilitärischen spanischen Polizei, betrieben. In sogenannten Kontrollzentren laufen die Aufnahmen von Radaranlagen und Videokameras, die entlang der spanischen Mittelmeerküste positioniert sind, zusammen und ermöglichen es der Guardia Civil, Boote auf dem Weg nach Spanien frühzeitig zu erkennen, abzufangen und die Insassen in Erstaufnahmelager auf dem spanischen Festland zu bringen. Die spanische Politik der aufgerüsteten Außengrenzen war charakteristisch für die Politik der Europäischen Union in dieser Zeit.

1997 wurde der Vertrag von Amsterdam unterzeichnet, der einen Meilenstein der europäischen Integration darstellt. Wesentliche Politikbereiche wurden europäisiert, offiziell: vergemeinschaftet. Von nun an wurden viele Leitlinien in Brüssel festgelegt.

Dies betraf vor allem die sogenannte dritte Säule der EU, also die Bereiche Justiz und Inneres, die neben der Kooperation in justiziellen und polizeilichen Angelegenheiten auch Migrations- und Grenzpolitiken umfassen. Diese wurden größtenteils in den »Raum der Freiheit, der Sicherheit und des Rechts« überführt, wie der Rahmen der europäischen Innenpolitik übertitelt ist. Die bloße Koordinierung nationalstaatlicher Politiken war beendet, die Regelungskompetenz ging an die europäischen Institutionen, vor allem den Rat und die Kommission und in geringerem Maße an das Parlament über. Gleichzeitig wurden die Vereinbarungen aus den Schengener Abkommen in den rechtlichen Rahmen der Europäischen Union überführt.

Der Schengenraum war zu diesem Zeitpunkt schon weit über die ursprünglichen fünf auf 15 Mitgliedstaaten gewachsen. Aus dem EU-Beitritt folgt aber nicht automatisch der zum Schengenraum. Die Mitgliedschaft im Schengenraum ist abhängig von der technischen Umsetzung der Schengenregeln, sprich: der Mindeststandards für die technische Sicherung der nationalen Grenzabschnitte, die Teil der EU-Außengrenze sind. Besonders sichtbar wurde der neue europäische Anspruch, eine einheitliche Politik zu formulieren, mit der Schaffung des Gemeinsamen Europäischen Asylsystems (GEAS). Es zielt auf die langfristige Angleichung der verschiedenen Asylgesetzgebungen und -praktiken der einzelnen Mitgliedstaaten unter dem Motto »Raum des Schutzes«.

Das Gemeinsame Europäische Asylsystem

Das GEAS begann ab 1999 Gestalt anzunehmen. Neben einer Reihe von Finanzierungstöpfen wie etwa dem Europäischen Flüchtlingsfonds sind vor allem fünf Gesetzgebungsakte von Bedeutung. Es handelt sich um drei Richtlinien, die jeweils in nationales Recht umgesetzt werden müssen, und zwei Verordnungen, die im Falle einer fehlenden nationalen Umsetzung direkte Gültigkeit entwickeln. Die Verfahrensrichtlinie legt Mindeststandards für die Durchführung von Asylverfahren fest. Sie garantiert etwa eine persönliche Anhörung, Zugang zu Informationen und Rechtsbeistand und auch die aufenthaltsrechtliche Stellung während des Verfahrens. Die Qualifikationsrichtlinie definiert Normen für die Anerkennung von Flüchtlingen sowie für den Flüchtlingsstatus selbst. Sie legt beispielsweise fest, unter welchen Umständen der schwächere Status eines subsidiären Schutzes anstelle einer Anerkennung als Flüchtling zu gewähren sei. Und die Aufnahmerichtlinie schließlich bestimmt Mindeststandards für den materiellen Rahmen, der für eintreffende

Asylsuchende bereitzustellen ist. Die Richtlinien folgen dem Modell einer Harmonisierung auf dem kleinsten gemeinsamen Nenner. In der Tat gingen und gehen viele nationale Asylsysteme immer noch über die in den EU-Richtlinien formulierten Mindeststandards hinaus. Oftmals wurden die niedrigen Standards der Richtlinien als Begründung dafür genommen, Leistungen abzusenken.

Des Weiteren wurde eine Richtlinie für vorübergehenden Schutz erlassen, die Bürgerkriegsflüchtlingen einen eigenen Status garantieren soll. Wie das deutsche Pendant wurde sie bisher kaum angewendet, nicht einmal im Angesicht der Fluchtmigrationen aus dem syrischen Bürgerkrieg im Jahr 2015. Dabei hätte diese Richtlinie einen Rahmen abgeben können, die Aufnahme der syrischen Flüchtlinge in einem vereinten Europa zu regeln.

Ferner gibt es eine Regel für die Familienzusammenführung, die auch für anerkannte Flüchtlinge gilt. 2008 kam noch die Rückführungsrichtlinie hinzu, in der die Mindestnormen für Abschiebehaft und Abschiebungen festgeschrieben sind.

Während alle genannten Richtlinien vor allem die Herstellung von Mindeststandards in allen Mitgliedstaaten der Europäischen Union zum Ziel haben, geht es in den zwei oben erwähnten Verordnungen um das Verhältnis, in dem die nationalen Asylsysteme zueinander stehen. Die Dublin-II-Verordnung überführte das Dubliner Übereinkommen von 1997 in Unionsrecht. Und die Eurodac-Verordnung schuf die Rechtsgrundlage für eine EU-weite Datenbank – die »European Dactyloscopy«, kurz: Eurodac –, in der die Fingerabdrücke von irregulären MigrantInnen und Asylsuchenden gespeichert werden müssen. Erst diese Datenbank, die 2003 ihren Betrieb aufnahm, aber erst ab 2007 effektiv operierte, machte eine Umsetzung der Systematik von Dublin möglich.

Die europäischen Grundsätze können durchaus als Gehversuche auf dem Weg zu einem Flüchtlingsschutz gewertet werden, der der globalen Konstellation nach dem Ende des Kalten Kriegs angemessen sein sollte. Doch zu keinem Zeitpunkt konnten sie darüber hinwegtäuschen, dass die grundlegende Stoßrichtung der europäischen Flüchtlings- und Migrationspolitik auf die Verhinderung von Zuwanderung abzielt oder zumindest deren Ankunft im Zentrum der Europäischen Union zu unterbinden sucht. Pfade legaler Migration waren zwar immer wieder in europäischen Konzeptpapieren zu finden und wurden von der Kommission mit Verweis auf die europäische Demografie gefordert, wurden aber nicht geschaffen. Das einzige Vorzeigeinstrument für legale Migration nach Europa, die »Blue Card«, setzt derart hohe Hürden für einen Aufenthaltstitel (wie etwa ein Mindestbruttogehalt von über 4200 EUR monatlich), dass sie nahezu irrelevant ist. Bislang spielt sie effektiv nur in Deutschland eine Rolle.

In der BRD hat das GEAS zu einer Weiterentwicklung des Flüchtlingsschutzes beigetragen. Das Zuwanderungsgesetz, das nach heftigen innenpolitischen Auseinandersetzungen 2005 in Kraft trat, setzt die europäischen Vorgaben in deutsches Recht um. Seitdem werden auch nicht-staatliche Fluchtgründe wie etwa geschlechtsspezifische Verfolgung anerkannt. Das ursprüngliche Asylrecht kannte allein den Schutz vor politischer Verfolgung. Dennoch gingen die Asylantragszahlen in den 2000er Jahren in Deutschland zurück und stagnierten auf niedrigem Niveau. Dafür gibt es verschiedene Gründe. Zum einen gab es in der direkten Nachbarschaft der EU weniger Konflikte und daher weniger Fluchtbewegungen. Zum anderen schirmte das Dublin-System Deutschland sehr effektiv ab.

Dublin II und Eurodac

Der Kern Dublins ist das Konzept der »sicheren Drittstaaten«, angewandt auf die Mitgliedstaaten der Europäischen Union und versehen mit einem administrativen Rahmen und den technologischen Möglichkeiten zu deren Durchsetzung. Ein Flüchtling habe kein Recht – so die Argumentation –, sich den Zufluchtsort auszusuchen, vielmehr stehe die Gewährung von Schutz im Vordergrund, egal in welchem Staat dies letztendlich sei. Im Umkehrschluss besagt die Logik, dass ein Asylantrag gar nicht mehr geprüft werden müsse, falls der oder die AntragstellerIn auf der Flucht durch einen Staat gereist ist, in dem er »genauso gut« Asyl oder Flüchtlingsschutz hätte beantragen können. Diese Logik rechtfertigt auch eine Rückschiebung, sofern zwei Dinge gewährleistet sind: Erstens muss es sich tatsächlich um einen »sicheren Drittstaat« handeln, und zweitens darf sich dieser Staat nicht auf den gleichen Grundsatz berufen, denn Kettenabschiebungen entlang der Fluchtroute bis zurück in die Herkunftsregion sollen vermieden werden.

Dublin gibt nun vor, diese beiden Anforderungen garantieren zu können. Alle Mitgliedstaaten des Dublin-Systems werden als »sicher« definiert, da sie alle die Genfer Flüchtlingskonvention ratifiziert haben und der Europäischen Menschenrechtskonvention angehören. Die Dublin-II-Verordnung legt durch eine »Rangfolge von Kriterien« genau fest, welcher Staat für das Verfahren zuständig ist. Obwohl in dieser Rangfolge die Familienzusammenführung – insbesondere für unbegleitete minderjährige Flüchtlinge – ganz oben steht, wird dennoch das Kriterium »erste Einreise« in der Praxis am häufigsten angewandt.

Eine alternative Lesart der Dublin-Kriterien ist das sogenannte Verursacherprinzip: Der Staat, der die Einreise einer Schutzsuchenden verursacht hat, ist auch für deren Asylverfahren zuständig. Mögliche Verursachungen sind die Ausstellung eines Visums oder auch die mangelnde Sicherung der Außengrenze. Diese Lesart wird vom eigentlichen Gesetzestext nicht gestützt, aber sie beschreibt das Funktionieren des Dublin-Systems am präzisesten. Anders gesagt: Dublin enthält den Anreiz, möglichst wenig Fluchtmigration zuzulassen, da der jeweilige Staat sonst selbst die Konsequenzen – Unterbringung der asylsuchenden Person, Durchführung des Asylverfahrens und gesellschaftliche Integration im Falle einer Anerkennung – tragen muss.

Das passt zusammen mit dem offiziellen Diskurs, in dem eine große Anzahl an Asylverfahren zumeist als »Bürde« für die jeweiligen Staaten erscheint. Dass es vor allem Flüchtlinge und MigrantInnen sind, denen durch Dublin oftmals jegliche Perspektive auf Schutz und ein menschenwürdiges Leben genommen wird, gerät dabei aus dem Blick. Denn ohne Rücksicht auf ihre individuellen plausiblen Gründe für einen Aufenthalt in einem anderen Land der EU – wie etwa Familienangehörige, Arbeitskontakte oder Sprachkenntnisse – sind sie gezwungen, in dem durch Dublin bestimmten Antragsland zu bleiben.

Der Start des Dublin-Systems lief eher schleppend. Oftmals war es den Institutionen der nationalen Asylsysteme gar nicht möglich, den Einreiseweg in die Europäische Union zu rekonstruieren, weswegen es anfangs zu relativ wenigen Dublin-Abschiebungen – »Rückführungen« oder auch »Transfers« im Jargon des Dublin-Systems – kam. Erst die Inbetriebnahme der Eurodac-Datenbank ab Januar 2003 stellte einen qualitativen Sprung dar. Diese Europäische Fingerabdrucksdatenbank ist die erste europäische biometrische Datenbank und soll die Fingerabdrücke aller Asylsuchenden wie auch aller irregulären MigrantInnen für die EU-Behörden zugänglich machen.

In der Praxis sieht das so aus: Alle irregulär eingereisten Personen innerhalb Europas und im Besonderen im Bereich der europäischen Außengrenze werden nicht nur mit ihren Reisedokumenten, sondern auch mit ihren Fingerabdrücken erfasst. Dies trifft auch auf alle asylantragstellenden Personen zu. Die Daten werden dann an die zentrale Eurodac-Datenbank übermittelt. Bei einem Asylantrag, beispielsweise in Deutschland, kann nun über einen Abgleich des Fingerabdrucks mit der Datenbank festgestellt werden, ob die asylsuchende Person etwa vor ein paar Wochen oder Monaten in Griechenland aufgegriffen wurde. Dies bedeutet dann, dass Griechenland per Dublin für das Asylverfahren zuständig ist. Nach einem formellen Übernahmegesuch an die griechische Dublin-Unit wird die asylsuchende Person dann zwangsweise an Griechenland überstellt.

Auf dem Reißbrett der europäischen Politikplanung mag diese Methode wohl ein wenig bürokratisch, aber auf jeden Fall effektiv erschienen sein, um die Durchführung von Asylverfahren innerhalb der EU auf die nationalen Asylsysteme zu verteilen. Paradoxerweise hat der vorgeschriebene Aufenthalt in genau einem Staat jedoch zu einer Mobilisierung von asylsuchenden MigrantInnen innerhalb der EU geführt. Aus den verschiedensten Motivationen heraus und nicht zuletzt aufgrund der massiven Unzulänglichkeiten der Asylsysteme im Süden und Südosten der EU haben sich MigrantInnen immer wieder auf den Weg gemacht, um in einem anderen EU-Mitgliedstaat erneut einen Asylantrag zu stellen – immer in der Hoffnung, dass kein Eurodac-Treffer diesen zunichtemacht.

Das Asylsystem gerät in die Krise

Schon aufgrund der Geografie Europas ist es keine Überraschung, dass Dublin zu einem großen Nord-Süd-Ungleichgewicht innerhalb der EU geführt hat. Die Länder im Süden und Südosten, die den größten Anteil an der europäischen Außengrenze haben – also Zypern, Griechenland, Malta und Italien –, sind auch für die Prüfung der meisten Asylanträge zuständig. Dagegen wurden die Länder des europäischen Nordens, beispielsweise Deutschland, in den 2000er Jahren kaum noch von Fluchtmigration erreicht. Dabei stellt sich regelmäßig die Frage, wieso die südlichen Staaten der Dublin-II-Verordnung überhaupt zugestimmt haben. Aus heutiger Perspektive ist das unverständlich, und in der Tat fordern jene Staaten schon seit Jahren eine grundlegende Reform von Dublin hin zu einer Verteilung von Asylsuchenden innerhalb der Europäischen Union.

Ansätze für eine Erklärung liegen in der völlig anderen politischen und wirtschaftlichen Lage Anfang der 2000er Jahre. Der Vertrag von Amsterdam war ein großer Sprung nach vorn im Projekt der europäischen Einigung, und es herrschte ein gewisser Enthusiasmus im Bezug auf die Europäische Union. Die Welt erschien damals stabiler als heute, die Krisenherde waren weiter entfernt. Der Krieg in Afghanistan hatte zwar schon begonnen, aber nur wenige gingen von einer so dauerhaften Destabilisierung der Region aus, dass dies zu weitreichenden Fluchtmigrationen führen würde. Im Bereich der Migrationspolitik dominierte die Einschätzung, die Migrationskontrolle werde dank des Grenzausbaus funktionieren und Europa sich so von den Migrationen der Welt abschotten können.

Und schließlich boomte in den 2000er Jahren die Wirtschaft vor allem im Süden der EU – vorwiegend im Bausektor. Entsprechend waren die dortigen Migrationspolitiken dieser Phase ausgerichtet: Periodische Legalisierungswellen sowie die Möglichkeit, über einen Arbeitsplatz einen Aufenthaltstitel zu erlangen, integrierten die Migration in einem höheren Maße in die Gesellschaften, als dies etwa in Deutschland der Fall war. Dabei handelte es sich jedoch weniger um eine kodifizierte Migrationspolitik, die ein Recht auf Einwanderung einräumte, sondern vielmehr um Reaktionen auf die Anforderungen des Arbeitsmarkts. Die Aufenthaltstitel waren oftmals an die Arbeitsstelle gebunden, was eine erneute Illegalisierung bei Verlust der Arbeit bedeutete. Außerdem fanden die Legalisierungen nicht regelmäßig statt, sondern wurden je nach Bedarf flexibel gehandhabt. Mit dem Ende des Wirtschaftsbooms infolge der globalen Finanzkrise 2008 endete auch diese Migrationspolitik.

Ebenfalls 2008 veröffentlichte die Europäische Kommission ihre neue Asylstrategie unter dem Titel »Ein integriertes Konzept für EU-weiten Schutz«. Darin legte sie dar, wie die Mindeststandards qualitativ zu erhöhen seien, die Praxis-Kooperation auszubauen sei und sich das GEAS im Sinne einer geteilten Verantwortung unter Einbeziehung von Drittstaaten weiterentwickeln solle. Nach einer langen Beratungsphase gipfelten diese Bemühungen in einer Überarbeitung der drei Richtlinien und zwei Verordnungen, die 2013 Gültigkeit erlangten. Seitdem wird von der Dublin-III-Verordnung gesprochen.

Die Überarbeitungen brachten zwar einige Verbesserungen, in anderen Bereichen kam es aber zu Verschärfungen. Wirklich einschneidende Veränderungen oder qualitative Sprünge können nicht festgestellt werden. Insbesondere fand eine vertiefte Europäisierung oder eine bessere Homogenisierung der Asylsysteme nicht statt. Das GEAS hat sich in den über zehn Jahren seiner Existenz kaum fortbewegt. Weder die materiellen Bedingungen der Flüchtlingsaufnahme noch die Anerkennungsquoten (insgesamt und per Herkunftsnationalität), noch die gesellschaftliche Integration anerkannter Flüchtlinge haben sich angeglichen. Die Vision eines gleichmäßigen »Raums des Schutzes«, in dem es also keinerlei Unterschied macht, in welchem EU-Mitgliedstaat ein Asylverfahren durchgeführt wird, ist eine Fiktion geblieben. Tatsächlich sind die Standards eher auseinandergedriftet und haben zu einem stärkeren Ungleichgewicht innerhalb der Europäischen Union geführt. Der Grund hierfür findet sich im GEAS selbst: Als Harmonisierungspolitik auf kleinstem gemeinsamem Nenner bot es den einzelnen Staaten zu keiner Zeit ein Konzept oder gar einen Anreiz, ein starkes Schutzsystem für Flüchtlinge aufzubauen. Vielmehr war die europäische Migrationspolitik der 2000er Jahre immer noch von dem Willen und der Hoffnung geprägt, Migration und auch Fluchtmigration weiterhin zu unterbinden.

Dennoch lässt sich eine Verschiebung im politischen Diskurs über Asyl über diese Jahre beobachten. In den 1990er Jahren wurde die Institution des

Asyls weltweit infrage gestellt. Vor allem das Recht auf politisches Asyl wurde als Relikt der Konfliktkonstellation des Kalten Krieges gesehen, und im Sinne eines vermeintlichen »Endes der Geschichte« (Fukuyama) wurde es als nicht länger notwendig erachtet. Fast schon rituell wurde darauf verwiesen, dass die große Mehrheit der Asylsuchenden in Europa keinen Anspruch auf Flüchtlingsschutz hätten und lediglich »Wirtschaftsflüchtlinge« seien. In diesem Sinne wurde Anfang der 2000er Jahre diskutiert, ob Asylsuchende nicht in »Transit Processing Centres« (TPC) – Flüchtlingslager in Nordafrika – festgehalten werden sollten, um dort den Ausgang ihres Verfahrens abzuwarten. Schon damals deutete sich die Transformation des Asyls weg von einem individuellen Recht hin zu einer Geste des Humanitarismus von Seiten eines Staates an. Ein weiteres Konzept, das der »Regional Protection Areas« (RPA), sah eine Eindämmung von Flüchtlingsbewegungen nahe akuten Konfliktzonen vor. Beiden Konzepten gemein ist das Ziel, möglichst viele Personen vom Zugang zum europäischen Asylverfahren auszuschließen. Vollständig umgesetzt wurden sie nie, aber sie sind bis heute Teil des imaginären Repertoires europäischer Flüchtlingspolitik und werden immer wieder als Problemlösungsoption präsentiert.

Doch ungefähr ab dem Jahr 2008 erlebte das Asyl eine Art der Renaissance. Nicht nur preschte die Kommission mit dem erwähnten neuen Aufschlag für ein vertieftes GEAS vor, unter der französischen Ratspräsidentschaft wird auch der »Europäische Pakt zu Einwanderung und Asyl« unterzeichnet. Der Pakt betont, dass Migration auch eine Chance vor allem für die europäische Wirtschaft sei und dass es einer erneuten und vertieften Zusammenarbeit in Europa zur Steuerung der Migration bedürfe. Einer der Grundsätze lautet, keine nationalen Kollektivlegalisierungen mehr zu dulden. Übrig bleibt also allein die Institution des Asyls, das sich in der Folge zum zentralen und nahezu einzigen europäischen Instrument der Migrationssteuerung mausert. Diese neuerliche Aufwertung hängt eng zusammen mit dem großen Vertrauen in das Dublin-System, das ab 2007 effektiv zu operieren begann und als politisch, administrativ und logistisch erfolgreiche Kontrolle von Migration erschien.

Mit der Wirtschaftskrise 2008 und der folgenden Krise der Staatsfinanzen ab 2009 endete auch die Aufnahmefähigkeit der südeuropäischen Arbeitsmärkte; die Dynamik der ungleichen Verteilung der Asylverfahren zwischen Norden und Süden intensivierte die Krise und führte dabei auch zu einer Verschlechterung der nationalen Asylsysteme. Denn die Staaten im Süden und Südosten der EU sahen sich dazu gezwungen, den Großteil der Asylsuchenden aufzunehmen – und das auch angesichts der Zunahme der globalen Flucht- und Migrationsbewegungen, die vermehrt auch Europa erreichten. Neben den schon oben erwähnten Versuchen einer Revision des Systems hin zu einer Verteilungsquote entstand auch eine Praxis, das Dublin-System zu unterlaufen, indem etwa die Abnahme der Fingerabdrücke zunehmend lax gehandhabt wurde oder vermehrt subsidiäre oder humanitäre Schutztitel ausgestellt wurden, die Reisefreiheit – wenngleich keinesfalls die Niederlassungsfreiheit – innerhalb der EU garantieren.

Diese Entwicklungen zeigen die Krise des europäischen Grenzregimes, die sich ab dem Jahr 2011 zu entfalten begann. Für das erste Jahrzehnt des 21. Jahrhunderts können wir aber festhalten, dass die EU ein internes Asylsystem geschaffen hat, das zumindest als mittelfristige Perspektive in Richtung europäischer Harmonisierung wies. Voraussetzungen für den Erfolg des GEAS waren jedoch immer, und dies wurde auch in jedem der unzähligen *policy*-Papiere aus Brüssel unterstrichen, der fortgesetzte Ausbau der europäischen Außengrenzen, deren Schutz vor unerwünschter Migration sowie der Ausbau eines sogenannten *integrated border managements*, also der Verquickung und Zusammenführung aller Funktionen der Grenze in einem europäischen System.

Eine Harmonisierung der Asylsysteme in diesem Sinne geht daher Hand in Hand mit einem weiteren Aufrüsten der europäischen Außengrenze zum Zweck, unregulierte Migrations- und Fluchtbewegungen nach Europa zu unterbinden. Die Grenze wurde also zum Mittel der Wahl, um Migration regierbar und steuerbar zu machen.

Ceuta und Melilla: Migrationsmanagement

Schengen steht für die Erfindung einer europäischen Außengrenze. Mit dem Vertrag von Amsterdam wurde eine solche Grenze nicht nur in die EU miteinbezogen, von 1999 an wurde ihre weitere Entwicklung und ihre Rolle im Projekt der Migrationskontrolle auch von den europäischen Institutionen gesteuert. Hatte Schengen also so etwas wie die europäische Grenze denkbar gemacht, so geht es seit Amsterdam darum, sie sowohl zu erforschen als auch regierbar zu machen.

Zentral für diesen Anspruch steht das Konzept des *integrated border managements* (IBM), welches prominent in den Vorstellungen sowohl von Rat als auch Kommission firmierte. Für das Projekt Grenze sollte ein Netz eng verzahnter Institutionen und Mechanismen geschaffen werden, das die klassischen Aufgaben von Grenze – Zugangskontrolle, Zoll oder auch Seuchenbekämpfung – erfüllte und dabei die nationalen Institutionen wie etwa Grenzschutzpolizei, Küstenwache, Militär und Zoll verknüpfte. Damit sollte langfristig eine tatsächliche Europäisierung der Grenze erreicht werden. Als erster Schritt wurde dazu eine europäische Grenzschutzagentur gegründet.

Frontex

In der Folge der Terroranschläge des 11. September 2001 gerieten die Grenzen weltweit wieder verstärkt in den Fokus der Sicherheitspolitik. In den USA führte dies zur Schaffung des Department of Homeland Security, einer Meta-Behörde, die alle auf viele Behörden, Agenturen und Ministerien verteilten Sicherheitsbereiche bündelte und zusammenführte. Anders als in den USA, in denen die Bundesregierung diese Kompetenzen innehat und daher einen solchen Prozess beschließen kann, war dies in der EU nicht so einfach möglich. Gerade der Komplex Grenze, der wichtige politische Implikationen für die Definition und Integrität von nationalem Territorium und letztlich nationaler Souveränität hat, unterstand den Institutionen der jeweiligen Länder, zumeist dem Innenministerium und der ihm unterstehenden Grenzschutzpolizei.[1] 2002 dann preschte die Kommission mit einem Vorschlag einer europäischen Grenzschutzagentur vor, die mittels einer europäischen Grenzschutzpolizei langfristig die Hoheit über die sowie die tagtägliche Praxis an der europäischen Außengrenze übernehmen solle.

Die allermeisten EU-Mitgliedstaaten lehnten diese Idee ab. Die dem Vorschlag implizite Souveränitätsübertragung von der nationalen auf die europäische Ebene ging ihnen zu weit und hätte zudem einen Präzedenzfall für die Entwicklung des Staatenbundes EU in Richtung eines Bundesstaates (Stichwort: Vereinigte Staaten von Europa) geschaffen, eine zu der Zeit heftig umkämpfte politische Frage im europäischen Einigungsprozess. Tatsächlich haben solche Erwägungen auch andere Initiativen, wie etwa eine gemeinsame europäische Außenpolitik oder den Aufbau einer europäischen Polizei oder Armee, blockiert.

Dennoch bedeutete dies keineswegs ein Ende der Europäisierung. Am 26. Oktober 2004 verabschiedete der EU-Rat die Verordnung (EG) 2007/2004 zur Schaffung der europäischen Grenzschutzagentur Frontex. Der martialisch klingende Name leitet sich von dem französischen Begriff für Außengrenze, *frontières extérieures*, ab. Anders als jedoch im Vorschlag der Kommission von 2002 angelegt, sollte Frontex lediglich die bereits existierenden, vor allem nationalen Akteure des europäisierten Grenzschutzes koordinieren und in Richtung gemeinsamer Standards und Technologien wirken. Der vollständige Name dieser neuen Institution lautet denn auch »Europäische Agentur für die operative Zusammenarbeit an den Außengrenzen der Mitgliedstaaten der Europäischen Union«.

Europäische Agenturen – die EU hat rund 40 solcher Einrichtungen – stellen die Behörden und Ämter der Europäischen Union dar. Andere Beispiele sind etwa die Europäische Agentur für Lebensmittelsicherheit oder auch die Grundrechteagentur, die sich um die Einhaltung der EU-Grundrechtecharta kümmert. Frontex sticht an dieser Stelle dadurch hervor, dass die Agentur operativ und nicht überwachend tätig ist. Kontrolliert wird Frontex durch das *management board,* in dem jeweils eine VertreterIn der Schengenstaaten – zumeist hohe Beamte des jeweiligen Grenzschutzes – sowie zwei VertreterInnen der Kommission sitzen. Die Agentur nahm im Jahr 2005 ihre Arbeit auf und bezog ihr Hauptquartier in der polnischen Hauptstadt Warschau. Mittlerweise arbeiten dort über 300 Personen, die meisten kommen aus den Grenzschutzapparaten der EU-Mitgliedstaaten und sind entweder in die Agentur entsandt oder inzwischen auch direkt beschäftigt. Nach einem rasanten Anstieg des Budgets von zunächst fünf Millionen Euro über die ersten Jahre der Agentur hat es sich derzeit bei rund 100 Millionen Euro jährlich eingependelt, nicht eingerechnet die Sonderbudgets, die in den Jahren der Krise Schengens immer wieder kurzfristig für Einzeleinsätze bewilligt worden sind.

In die tägliche Überwachung und Kontrolle der europäischen Grenze ist Frontex kaum involviert. Die hoheitliche Aufgabe der Grenzsicherung verbleibt bei den Einheiten der Mitgliedstaaten, während Frontex deren Zusammenarbeit koordiniert. Frontex ist also so etwas wie ein Laboratorium, in dem die europäische Grenze, die durch den Schengener Prozess geschaffen wurde, vorstellbar, verstehbar und schließlich kontrollierbar gemacht werden soll. Frontex ist in diesem Sinne Institutionalisierung des Prozesses, durch den die europäische Außengrenze überhaupt erst als politische Einrichtung der Migrationskontrolle entsteht.

Zu diesem Zweck unterhält Frontex eine sogenannte Risikoanalyseeinheit, die mit allen nationalen Grenzschutzakteuren vernetzt ist, Daten sammelt und über ein mathematisch-statistisches Modell bewertet. Aus diesen Daten werden dann Prognosen für die europäische Außengrenze gestellt, die sowohl Frontex als auch die Grenzschützer in der Planung ihrer Aktivitäten unterstützen sollen. Frontex unterhält daneben eine Forschungsabteilung, die die (Weiter-)Entwicklung von Grenzschutztechnologien, wie etwa Biometrie oder Überwachungsdrohnen, vorantreibt. Auch diese Abteilung hat vor allem einen koordinierenden Charakter, agiert also an der Schnittstelle von Forschungseinrichtungen und Technologie-Herstellern. Weiter ist Frontex in der Ausbildung von GrenzschützerInnen tätig, was zu einer Harmonisierung der Grenzschutzpraxen führen soll. Zu diesem Zweck entwickelt Frontex Lehrgänge und Curricula für die nationalen und europäischen Polizeiakademien.

Die Hauptaktivität der Agentur liegt jedoch im operativen Bereich. Auf Initiative eines EU-Mitgliedstaates – der »Gastgeberstaat« für eine Operation – stellt Frontex einen Operationsplan auf. Von sich aus kann Frontex solche Aktivitäten anschieben, wenngleich es bei der Frontex-Reform 2016 Versuche gab, ein solches Initiativrecht auch für die Kommission zu schaffen. Frontex fordert im zweiten Schritt bei den anderen EU-Mitgliedstaaten Ressourcen, etwa Personal oder Fahrzeuge und andere Grenzschutztechnik, an. Dabei kann Frontex mittlerweile auf allerlei Erprobtes zurückgreifen. Als weitestgehende Eingriffsmöglichkeit wurden 2007 durch eine zweite Frontex-Verordnung die sogenannten RABIT-Operationen geschaffen. RABIT steht für *rapid border intervention teams* und bezeichnet nichts anderes als Schnelleingreiftruppen, die als Krisenreaktion innerhalb von zwei Wochen aktiviert werden können. Auch diese Teams speisen sich aus Grenzschützern und werden aus nationalen Kontingenten zur Verfügung gestellt.

Die erste bekanntere »gemeinsame Operation« (Joint Operation, kurz JO) der Agentur ist die »JO Hera«, die lange Zeit auch die umfangreichste Operation darstellte. Sie wurde 2005 initiiert, als die sogenannte westafrikanische Route, auf der MigrantInnen in kleinen Fischerbooten von Mauretanien und Senegal auf die Kanarischen Inseln überzusetzen versuchten, im Zentrum der öffentlichen Aufmerksamkeit stand. Die Bilder von MigrantInnen, die nach einer über 1000 Kilometer langen Reise erschöpft an den Stränden der Inseln ankamen und in goldenen Kälteschutzfolien eingehüllt wurden, machten – neben den Bildern überfüllter Boote – die damalige Ikonografie der Migration aus. Ziel der JO Hera war es, diese Migrationen zu unterbinden.

Das Entstehen dieser Route kann im Übrigen weitestgehend auf den schließenden Effekt des SIVE zurückgeführt werden. Erst nachdem ein direktes Überqueren der spanischen Grenze nicht mehr möglich war, begannen die Überfahrten auf die Kanaren. In der für Frontex mittlerweile charakteristischen Vorgehensweise wurden zuerst Befrager auf den Kanarischen Inseln eingesetzt, um die Route detailliert zu rekonstruieren. In einem zweiten Schritt wurde dann die Patrouillendichte um die Kanarischen Inseln erhöht, was jedoch die Ankünfte nicht reduzierte. Ein Zurückweisen der Boote an der spanischen Seegrenze war rechtlich nicht möglich. In den ersten Phasen ging es Frontex vor allem darum, Wissen über die Migrationsroute zu erlangen. Die Patrouillen erlaubten eine Rekonstruktion der Route, während an Land Interviews mit den Ankommenden geführt wurden. Erst in der dritten Phase, als die Patrouillen in die senegalesischen Hoheitsgewässer verlegt wurden, kam es zum Stillstand auf dieser Route, denn nun wurden schon die Abfahrten unterbunden. Rechtlich wurde dieser exterritoriale Einsatz durch ein bilaterales Abkommen zwischen Spanien und Senegal möglich.

Die Straße von Sizilien im zentralen Mittelmeer, zwischen Libyen und Tunesien einerseits und Italien und Malta andererseits, war – wie auch heute noch – schon Mitte der 2000er Jahre eine bedeutende Migrationsroute. Hier begann die zweite große Frontex-Operation, »JO Nautilus«, deren Schwerpunkt auf Malta lag, wenngleich Italien eine ähnlich starke Rolle in der Operation spielte. Doch der gleiche Modus operandi wie in der JO Hera führte im zentralen Mittelmeer nicht zu vergleichbaren Ergebnissen: Die stetigen Migrationen über das Meer konnten nicht gestoppt werden. Gründe dafür waren einerseits die mangelnde Kooperation Libyens zur Zeit des Gaddafi-Regimes; andererseits gab es Streitigkeiten zwischen Malta und Italien, welches Land die abgefangenen Migrantinnen und Migranten aufzunehmen habe. So scheiterte JO Nautilus und wurde im Jahr 2008 eingestellt, während JO Hera bis heute aktiv ist.

Die dritte größere Frontex-Operation nach der Gründung der Agentur wurde 2006 in der Ägäis gestartet: »JO Poseidon«. Zunächst erreichte sie nicht die Ausmaße von JO Hera und JO Nautilus, da die beiden Routen zwischen der Türkei und Griechenland zu diesem Zeitpunkt noch nicht sehr stark befahren waren. Zudem war Griechenland in Hinblick auf den EU- und den Schengenraum damals eine Insel. Erst der EU-Beitritt Rumäniens und Bulgariens im Jahr 2007 änderte dies, doch aufgrund der bis heute verschleppten Schengenmitgliedschaft dieser beiden Staaten ist es noch heute unmöglich, ohne Grenzkontrolle aus Griechenland auszureisen (vgl. Karte auf Seite 137). Griechenland war zwar keine Sackgasse für die Migration, doch die Ankunft dort bedeutete eben nur bedingt eine Ankunft in der EU und im Schengenraum.

Auch die nicht einfache Kooperation zwischen Griechenland und der Türkei erschwerte ein effektives Grenzmanagement. Zwar gab es seit 2001 ein Rücknahmeprotokoll, das es Griechenland erlauben sollte, MigrantInnen in die Türkei zurückzuschieben. Es war jedoch nicht aktiviert worden, und auch eine Zusammenarbeit auf niedriger Ebene zwischen den Grenzschutzeinheiten der beiden Staaten fand kaum statt. Die Landroute, die von Istanbul ausgehend über die türkische Grenzstadt Edirne und über den Fluss Evros nach Griechenland führt, war zudem hochriskant wegen der Panzerminen an der Grenze – wiederum Ausdruck der (historisch) spannungsgeladenen Beziehung zwischen Griechenland und der Türkei. Auch die mittlerweile so bekannte Überfahrt auf eine der türkeinahen Ägäisinseln (vor allem Lesbos, Chios oder Samos) wurde nur in geringem Ausmaß genutzt. Erst ab 2008 sind hier erhöhte Ankunftszahlen zu verzeichnen. Auf das sich stetig verändernde Migrationsgeschehen in der Ägäis hatte die JO Poseidon erst einmal wenig Auswirkung. Erst ab dem Jahr 2010 steigt Frontex zu einem wichtigen Akteur an der EU-Außengrenze im Südosten auf.

Die drei skizzierten Operationen, zu der noch eine Menge kleinerer Operationen an anderen Orten der EU hinzukommen – die meist aber auf wenige Wochen beschränkt waren und eher den Charakter von Übungen hatten –, verdeutlichen eines: Ohne eine effektive Kooperation mit den Anrainerstaaten der EU ist die Unterbindung irregulärer Migration nicht zu haben. Auch wenn dies heute selbstverständlich scheint, so war es ein langer Prozess, der zu dieser Einsicht führte.

Ceuta, Melilla und der »Gesamtansatz zur Migrationsfrage«

Anfang der 2000er Jahre herrschte – wie schon gesagt – noch eine relative Gewissheit vor, dass sich die Migrationskontrolle über die Sicherung der Außengrenzen bewerkstelligen lassen würde. Die schnelle Implementierung von Frontex schien das zu bestätigen und stand stellvertretend für die Entwicklung des europäischen Grenzregimes.

Doch eigentlich wurde diese Gewissheit schon 2005 erschüttert. Im Herbst des Jahres kam es zum sogenannten Sturm auf Ceuta und Melilla. Um diese beiden Exklaven – spanische Städte auf marokkanischem Boden – verläuft die einzige Landgrenze der Europäischen Union mit dem afrikanischen Kontinent. Dies Grenze war schon im Jahr 2005 mit einem rund drei Meter hohen Stacheldrahtzaun gesichert. Aufgrund des zunehmenden Ausbaus des SIVE wurde es zu dieser Zeit für MigrantInnen und Flüchtlinge immer schwieriger, über das Meer nach Spanien zu gelangen. Zwar war es in den Jahren zuvor immer wieder zu irregulären Grenzübertritten nach Ceuta und Melilla gekommen, doch im Laufe des Jahres 2005 spitzte sich die Situation zu. Ab August 2005 kam es vermehrt zu Versuchen von MigrantInnen aus dem subsaharischen Afrika, die Zäune zu den Exklaven kollektiv zu überwinden. Ende September und Anfang Oktober versuchten Gruppen von bis zu 500 Personen, über selbstgebaute Leitern über die Zäune zu klettern. Sowohl marokkanische als auch spanische Polizei versuchten dies unter massivem Einsatz von physischer Gewalt, mit Gummigeschossen und teilweise scharfer Munition zu verhindern: Es kam zu Todesfällen.

Der »Sturm auf Ceuta und Melilla« fiel in eine Zeit der intensivierten Bemühungen Spaniens, Marokko in die Kontrolle der Migration miteinzubeziehen. So hatte die spanische Regierung im gleichen Jahr angekündigt, ein schon 1992 geschlossenes Rückübernahmeabkommen mit Marokko wieder zu aktivieren. Gleichzeit fanden im Herbst 2005 spanisch-marokkanische Konsultationen statt, in denen es auch um Ausgleichszahlungen Spaniens an

Marokko ging. In den Tagen vor den Konsultationen wurde berichtet, dass die marokkanische Polizei verstärkt gegen die in den Wäldern rund um Ceuta und Melilla hausenden MigrantInnen vorgegangen war und sie in Richtung der Zäune getrieben hatte. Der Versuch eines kollektiven Grenzübertritts kann daher auch als Flucht aus einer ausweglosen Situation gesehen werden.

Die Bilder der dramatischen Ereignisse gingen damals um die Welt und lösten in Europa wie auch in Afrika heftige Debatten aus. Für die Migrations- und Grenzpolitik der Europäischen Union bedeutete Ceuta und Melilla eine Zäsur. Während Spanien mit einer Aufstockung der Zäune auf sechs Meter reagierte, kam der Europäische Rat am 27. Oktober 2005 zu einem informellen Gipfel in Hampton Court in der Nähe von London zusammen. Dort wurde die Kommission beauftragt, eine neue Strategie im Umgang mit der Migration auszuarbeiten. In den einschlägigen *policy*-Dokumenten und Sitzungsprotokollen ist Verunsicherung zu spüren. Nach Ceuta und Melilla war die Gewissheit, dass sich Migration über das Instrument der Grenze kontrollieren, also stoppen lasse, verloren. Die neue, von der Kommission formulierte Strategie firmiert unter dem Titel »Gesamtansatz zur Migrationsfrage« und unterstreicht, dass neben Grenzkontrollen, deren anhaltende Wichtigkeit die Kommission betont, ein ganz neues Instrumentarium entwickelt werden müsse, um auf die Migration einzuwirken. Auch wenn der Gesamtansatz weiter die Europäisierung des Grenzschutzes und insbesondere eine Stärkung von Frontex vorsieht, so ist die Strategie nun doch wesentlich breiter.

Der Gesamtansatz – im englischen Original »global approach« – begreift Migration als globales Phänomen, dem eine ebenso globale Perspektive entgegengesetzt werden müsse. Herkunfts- und Transitländer der Migration sollen nun noch konsequenter in ein gemeinsames Projekt des Migrationsmanagements eingebunden werden. Auch wenn die Grenze als Kontrolltechnik fundamentaler Teil des Ansatzes bleibt, so verlagert sich der Blick der Kontrolle nun stärker auf die Routen der Migration und wertet die Staaten, durch die sie führen, zu Dialogpartnern auf. Gleichzeitig wird Migrationspolitik zu einem Querschnittthema, das nun auch im Rahmen von Außenpolitik, vor allem aber Entwicklungspolitik bearbeitet werden soll. Notwendige Konsequenz aus dieser neuen Politikperspektive ist, dass Migrationspolitik nun nicht mehr rein repressiv funktionieren kann, sondern Angebote unterbreiten muss. Denn die neuen Dialogpartner verstehen sich selbst nicht notwendigerweise als negativ von Migration betroffen. Die in dieser Zeit aufkommenden Diskurse über Rücküberweisungen (*remittances*) von MigrantInnen in die Herkunftsländer, die die Zahlungen im Rahmen von Entwicklungszusammenarbeit um ein Vielfaches übersteigen, und die neue Problematisierung der Migration als *brain drain*, also als Abwanderung qualifizierter Mitglieder der Herkunftsgesellschaften, zeigen das Ringen um eine neue Sicht und eine neue Sprache. Dementsprechend bietet die EU in der Folge Instrumente an, etwa um einen besseren staatlichen Zugriff auf die Rücküberweisungen zu erhalten, stellt aber auch erstmals legale Einwanderungswege im Rahmen sogenannter Mobilitätspartnerschaften in Aussicht.

Der »Gesamtansatz zur Migrationsfrage« lässt sich als Versuch der europäischen Institutionen lesen, eine neue Migrationspolitik, die sich nicht an einem nationalen Politikrahmen orientiert, zu etablieren. Das prominente Auftauchen der neuen Rationalität eines »Migrationsmanagements«, welches ab nun zu *dem* »Buzzword« europäischer Migrationspolitik schlechthin aufsteigt, markiert diese Neuorientierung am stärksten. In gewisser

Hinsicht enthält der Begriff des Migrationsmanagements das Eingeständnis, dass sich Migration als gesellschaftliches Phänomen nicht stoppen lassen wird. Damit grenzt sich der Gesamtansatz von den vorherrschenden nationalen Migrationspolitiken ab. Diese folgen mehrheitlich einer Art hydraulischem Modell von Migration, begreifen sie also vor allem als »Ströme« oder »Flüsse«, die durch vorgebliche Push- und Pullfaktoren in Bewegung kommen. Pushfaktoren stellen in diesem Modell Gründe dar, die Menschen dazu bewegen, einen Ort zu verlassen, während als Pullfaktoren jene Reize gelten, die Migration anziehen und so auch die Wahl des Migrationsziels bestimmen. Abgesehen von der massiven Unterkomplexität dieser Betrachtungsweise, die konkrete Migrationen schwerlich präzise erklären kann, behauptet die Theorie einen Steuerungsansatz für Nationalstaaten: Analog zur (auch nicht immer erfolgreichen) Beherrschbar- und Nutzbarmachung von Flüssen durch Kanäle, Staudämme, Pumpen und Pipelines gehen diese Migrationspolitiken davon aus, durch Anwerbeprogramme, Grenzkontrollen, restriktive Aufenthaltspolitiken, Ausweisungen und Abschiebungen etc. die Migration beherrschbar und nutzbar machen zu können. Dieser Ansatz funktionierte eine Zeit lang im Sinne der Verringerung von Migration in der Ära des Postfordismus sogar, als die vermeintlichen Pullfaktoren verringert und die bestehenden Migrationen in andere, »attraktivere« Staaten umgelenkt werden sollten. Mit dem Übergang in eine supranationale europäische Ära, die Bewegungsfreiheit im Inneren und eine gemeinsame Migrationspolitik anstrebte, geriet eine solche Politik in die Sackgasse. Gleichzeitig erklärt der Umstand dieser zeitweisen nationalstaatlichen »Erfolge« die Tendenz europäischer Migrationspolitiken, immer noch auf Restriktion zu setzen.

Der Gesamtansatz und das Modell des Migrationsmanagements stellen nun die Fähigkeit eines Staates (oder Staatenverbunds wie die EU), Migration zu kontrollieren, infrage. Gleichzeitig wird Migration zu einer wertvollen Ressource umgedeutet, die es nun zu erschließen gelte. Damit erlangt nach den vielen Jahren, in denen Migration vor allem als Problem von Innen- und Sicherheitspolitik begriffen wurde, nun wieder eine ökonomistische Sicht zwar keine dominierende, aber durchaus einflussreiche Position im Diskurs um Migration. Das ist bereits in der Genese des Begriffs des Migrationsmanagements angelegt. Er wurde in den 1990er Jahren im Umfeld der »International Organisation for Migration« (IOM) etabliert. Nach dem Ende des Kalten Kriegs und des proklamierten globalen Siegeszugs des Kapitalismus in Gestalt von repräsentativer Demokratie, freien Märkten und Globalisierung regte die IOM an, dass es analog zu Institutionen wie dem GATT (Global Agreement on Tariffs and Trades) oder später der WTO (World Trade Organisation), die eine ungehinderte globale Warenzirkulation sicherstellen sollen, nun auch ein globales Regieren (*global governance*) von Migration geben solle. Motiviert durch das neoliberale Mantra, dass staatliche Eingriffe in Märkte abzulehnen, weil wachstumshemmend seien, sollte so ein globales Regime von Institutionen, Verträgen und Abkommen auch die nationalstaatlichen Eingriffe in die Arbeitsmärkte etwa in Form von Arbeitserlaubnissen zurückdrängen und damit einen vollends globalisierten Arbeitsmarkt schaffen, in dem jede Person frei wäre, die eigene Arbeitskraft auf der ganzen Welt feilzubieten. Die IOM versprach eine »triple-win«-Situation: Herkunftsstaaten, Aufnahmeländer und zuletzt die MigrantInnen selbst sollten alle von der neuen globalen Freizügigkeit profitieren.

So weit die Vision. Eine solche globale Institution wurde nie geschaffen, und auch ein globales Regime von Abkommen und Konventionen zur Personenfreizügigkeit wurde nicht etabliert. Was blieb, war jedoch der Nützlichkeitsdiskurs – das wirtschaftliche Potenzial, das der Migration innewohne, gelte es nun zu extrahieren. Letztlich verengt sich der Begriff Migrationsmanagement auf genau diese Praxis.[2] Damit ist aber auch klar, dass Migrationsmanagement eben eine Praxis und keine Politik ist. Es geht nun nicht länger darum, langfristige gesellschaftspolitische Leitlinien aufzustellen und umzusetzen. Vielmehr gilt es, eine Bürokratie oder einen Apparat aufzubauen, der tagtäglich den »Nutzen« der Migration maximiert und den »Schaden« der Migration minimiert.

Zusammenfassend lässt sich also festhalten, dass der Gesamtansatz, wie er 2005 von der Kommission vorgeschlagen und vom Rat verabschiedet wurde, eine Neuausrichtung der europäischen Migrationspolitik darstellt. Neben den bekannten Elementen einer vertieften Zusammenarbeit innerhalb der EU und einem Ausbau der europäischen Außengrenze forciert er nun die Kooperation mit Transit- und Herkunftsstaaten der Migration unter dem Vorzeichen einer betriebs- und volkswirtschaftlichen Kosten-Nutzen-Rechnung der MigrantInnen. Die Frage nach Asyl in Europa markiert dabei eine Leerstelle im Gesamtansatz. Das ursprüngliche Kommissionsdokument erwähnt den Begriff »Asyl« nur zweimal, und immer im Zusammenhang mit anderen Formen legaler Migration. Es geht hier im Grunde also um den Entwurf einer umfassenden und übergreifenden Politik, die alle Formen der Migration einschließt.

Die tatsächliche Wirksamkeit dieses »großen Wurfs« ist schwer zu bewerten. Der Gesamtansatz und auch seine Fortschreibung 2011 zu einem »Gesamtansatz für Migration und Mobilität« tauchen als Referenzrahmen in allen weiteren *policy*-Papieren der EU auf. Doch wie schon geschildert, setzte sich in der Praxis letztlich nur das Instrument des Asyls als Technologie von Migrationsmanagement durch. Die Bedeutung des Gesamtansatzes liegt also eher in der externen Dimension.

Doch auch für diese Dimension gilt, dass die schöne neue migrationspolitische Welt des Gesamtansatzes mehr Schein war. Die Konsequenzen der Neuausrichtung lagen vor allem in der repressiven Kooperation mit Drittstaaten. Legale Einwanderungsmöglichkeiten, deren wirtschaftlichen Nutzen das Konzept des Migrationsmanagements so sehr betont, wurden nur sehr begrenzt geschaffen. Abgesehen von der 2009 eingeführten Blue Card, einem Aufenthaltstitel für internationale Spitzenkräfte (*high skilled migrants*) analog zur Green Card der USA, scheiterten so gut wie alle anderen Initiativen, seien es Mobilitätspartnerschaften, zirkuläre Migration oder auch so engagierte Pilotprojekte wie die europäische Arbeitsvermittlungsagentur CIGEM in Mali, die aufgrund mangelnder Arbeits- und Aufenthaltsangebote aus der EU stillschweigend zu einem Informationszentrum umgebaut wurde. Was vom Ansatz des Migrationsmanagements blieb, ist das praktische Wissen darum, dass Migrationspolitik, und ganz besonders ihre Umsetzung, ein permanenter Prozess ist, der ständig und in vielen Einzelprojekten mit jeweiligen Evaluierungsschlaufen neu hergestellt werden muss. Auch wenn der Gesamtansatz den großen Wurf symbolisieren sollte, so markiert er doch vor allem den Aufbruch in eine Ära, die eben keine langfristige Orientierung und gesellschaftspolitische Vision bietet, sondern mit dem beständigen Schließen von »Schlupflöchern« beschäftigt ist.

Ceuta und Melilla erschütterten vor allem den Glauben an eine Lösung des »Problems« der Migration durch perfektionierte Grenztechnologie. So wie mit dem Dublin-System eine interne Regulierung von Migration geschaffen wurde, begann mit dem Gesamtansatz eine Ausweitung der Migrationskontrolle auf den Bereich vor der eigentlichen Grenze, kurz: die Externalisierung. Dabei kam es zu regional verschiedenen Entwicklungen.

Externalisierung

Schon 1995 wurde der sogenannte Barcelona-Prozess initiiert, der das Ziel verfolgte, eine euro-mediterrane Partnerschaft im Politikfeld der äußeren und inneren Sicherheit sowie der Demokratisierungs- und Menschenrechtspolitik – so der offizielle Wortlaut – zu etablieren. Mit dem Gesamtansatz rückt nun auch die externe Dimension von Migrations- und Grenzpolitik in den Fokus. Ähnlich wurden im »Budapester Prozess« ab 1994 die zukünftigen Beitrittsstaaten im Südosten Europas schon vor deren EU-Beitritt in ein europäisches Projekt der Migrationskontrolle eingebunden.

Auch in den langwierigen Beitrittsverhandlungen mit der Türkei wird Migration thematisiert. Schon seit 2003 bemühte sich die EU unter Federführung der Kommission, ein sogenanntes Rückübernahmeabkommen für Flüchtlinge mit der Türkei zu unterzeichnen. Kern des Abkommens wäre eine Verpflichtung der Türkei, einer Rücküberstellung – sprich: Abschiebung – aller Flüchtlinge zuzustimmen, die durch die Türkei in die EU eingereist sind, um dann ein Asylverfahren durchzuführen. Im Rahmen dieses Abkommens sollten auch Internierungslager an der türkischen Grenze mit Iran, Irak und Syrien von der EU finanziert werden.

Externalisierung enthält dabei ein ganzes Bündel von Maßnahmen. Sie reichen vom Export von Grenzkontrolltechniken über Schulungen von Grenzpolizei, Einführung von biometrischen Ausweisdokumenten oder Verabschiedung von repressiver Aufenthaltsgesetzgebung in den Transitstaaten bis hin zu dem Bereich, an dem sich Migrations- und Entwicklungspolitik überschneiden. Während entwicklungspolitische Vorhaben oftmals nur Pilotprojektcharakter haben und zumindest bisher keine großen Auswirkungen hatten, so ist dagegen das Outsourcing der Migrationskontrolle an Staaten wie Weißrussland, Türkei, Libyen, Tunesien oder Marokko deutlich effizienter und hat zumindest zeitweise zur Unterbindung von Flucht- und Migrationsbewegungen geführt. Langfristig steht hinter der Externalisierung auch immer der Wunsch, Nachbarstaaten der EU zu »sicheren Drittstaaten« zu erklären.

Ein Effekt der Externalisierung, der nicht genug betont werden kann, ist die damit einhergehende Aufwertung der Verhandlungsposition der jeweiligen Staaten gegenüber der EU. Das ökonomische

Gefälle zwischen den Staaten der EU und denen Westafrikas ist schon lange so eklatant, dass es hier für die EU, oder stellvertretend für einige Mitgliedstaaten, ein Leichtes war, eine Vielzahl bilateraler Abkommen zu schließen, die das Projekt der Migrationskontrolle auf diese Staaten ausweitete. Exemplarisch ist hier das sogenannten Seahorse-Abkommen zu nennen, das Spanien im Jahr 2006 mit Marokko, Mauretanien, Senegal und den Kapverden abschloss und aus dem ein Netzwerk der Migrationskontrolle hervorging. Nur mit Libyen war das – ähnlich wie mit der Türkei – nicht ohne Weiteres möglich und führte zum Scheitern der JO Nautilus im zentralen Mittelmeer.

Erst als Italien und Libyen im Jahr 2008 den sogenannten libysch-italienischen Freundschaftsvertrag unterzeichneten, änderte sich die Situation. In dem Vertrag entschuldigt sich Italien für die Verbrechen der Kolonialzeit in Libyen und garantiert Zahlungen in Höhe von 20 Milliarden US-Dollar über die nächsten 25 Jahre, die vor allem in die Ölinfrastruktur Libyens investiert werden sollten. In einem geheimen Zusatzprotokoll wird eine Kooperation bei der Migrationskontrolle vereinbart. Italien lieferte technische Ausrüstung wie etwa Schnellboote für die libysche Küstenwache, und Libyen begann,

Abfahrten von den Stränden Richtung Italien zu unterbinden. Weiter akzeptierte Libyen die Rückschiebung von MigrantInnen und Flüchtlingen, die vom italienischen Grenzschutz auf hoher See abgefangen wurden.

An dieser Praxis, die im Mai 2009 begann, entzündete sich Kritik. Denn Libyen hatte die Genfer Flüchtlingskonvention zwar ratifiziert, aber nicht umgesetzt; zudem waren die Lebensbedingungen für MigrantInnen in Libyen katastrophal, von menschenunwürdiger Inhaftierung bis hin zu höchst prekärem Aufenthaltsstatus und einem grassierenden Rassismus gegen Personen aus dem subsaharischen Afrika. Unter dieser Perspektive stellte die Praxis Italiens nicht nur eine Kollektivabschiebung ohne Prüfung von Schutzbedürftigkeit dar, sondern insbesondere auch einen Bruch des Non-Refoulement-Gebotes der Genfer Flüchtlingskonvention, das die Abschiebung von Schutzsuchenden in Länder, in denen ihnen Schaden an Leib und Leben droht, verbietet. Dennoch wurde das Vorgehen Italiens von anderen EU-Staaten begrüßt oder stillschweigend geduldet, während die EU-Kommission sich bemühte, mit Libyen ein ähnliches Abkommen für die gesamte EU zu verhandeln. Die Kooperation war letztlich so effizient, dass die Route im zentralen

Mittelmeer im Jahr 2009 schlagartig – wenngleich auch nur zeitweise – zum Erliegen kam.

Die futuristische Grenze

Parallel zur Externalisierung lässt sich ein weiterer Strang der Entwicklung ausmachen: Digitalisierung und Technisierung. Auch wenn die Ereignisse um Ceuta und Melilla das Vertrauen in die Grenze als zentralen Ort von Migrationskontrolle erschüttert hatte, bedeutete dies keineswegs eine Abkehr vom Konzept Grenze. Vielmehr erfuhr die Konzeption der europäischen Außengrenze eine Transformation.

Der Ansatz der Externalisierung bedeutet bereits, dass schon weit jenseits der Grenze proaktiv Kontrolle ausgeübt wird. Die Grenze wird nun weniger als eine Linie gedacht, deren Überschreiten es zu kontrollieren gilt, sondern als ein Grenzraum, der von einer mobilen Bevölkerung bewohnt wird. Um die Kontrolle dieser Bevölkerung geht es nun, und dazu sind eingehende Kenntnisse über den Raum und seine Bevölkerung Voraussetzung. Die von Frontex betriebene Risikoanalyse fügt sich in dieses Schema ein. Ihr Ziel ist es, zuerst ein die gesamte europäische Grenze abdeckendes Lagebild zu erstellen, um in einem zweiten Schritt dann Entwicklungen –

»Risiken« – prognostizieren zu können. Es handelt sich also um nicht weniger als eine Erforschung und Kolonisierung dieses seltsamen Zwischenraums zwischen Europa und dem Rest der Welt. Dabei ist dieser Zwischenraum nicht unbedingt geografisch zu verstehen. Er deckt zwar tatsächliche Zwischenräume wie etwa das Mittelmeer ab, erstreckt sich aber ebenso entlang der Routen der Mobilität und ist damit genauso in den internationalen Flughäfen dieser Welt zu finden, in denen die EU mit einem Netz an sogenannten Liaison-BeamtInnen tätig ist oder Aufträge der Mobilitätskontrolle durch *carrier sanctions* an Transportunternehmen auslagert.

Im Jahr 2008 schlug die Kommission daher das *border package* vor, ein Paket von Maßnahmen, um »Smart Borders« zu etablieren. Neben einem weiteren Ausbau der Befugnisse von Frontex, etwa in den Bereichen Zoll oder Sicherheitspolitik, wurden vor allem zwei technische Systeme vorgestellt. Das erste ist Eurosur (*European border surveillance system*), das Europäische Grenzüberwachungssystem, das die existierenden Überwachungskapazitäten bündeln und erweitern soll. Das zweite ist das Entry/Exit-System im Verbund mit dem Visainformationssystem (VIS). Mit diesem Netz aus Datenbanken sollen alle Ein- und Ausreisevorgänge an den

Grenzen der Europäischen Union sowie gegebenenfalls die Visadaten aufgezeichnet werden. Ziel ist eine umfassende Datensammlung, eine laufend aktualisierte Statistik der mobilen Bevölkerung zum Zwecke der Kontrolle.

Es sind also Datenbanken, die in das Zentrum des europäischen Grenzregimes rücken: Die Grenzkontrolle soll immer weniger am eigentlichen physischen Körper eines oder einer Reisenden vollzogen werden, sondern verstärkt an seinem/ihrem Datendoppelgänger, einer Figur, die sich aus den Datenbanken SIS, Eurodac, VIS, Entry/Exit-System[3] sowie weiteren, etwa von Europol, dem Europäischen Polizeiamt, zusammensetzt. Im Zuge der Digitalisierung der europäischen Grenze ist es im Laufe der Jahre zu einer derartigen Vervielfachung von Datensammlungen gekommen, dass die vormals privatwirtschaftlich betriebenen Datenbanken 2012 von der Kommission in der neuen europäischen Agentur eu-LISA (Europäische Agentur für das Betriebsmanagement von IT-Großsystemen im Raum der Freiheit, der Sicherheit und des Rechts) zusammengeführt wurden. Neben dem Betrieb der Datenbanken geht es nun auch verstärkt um ihre Interoperabilität, also die Vereinheitlichung des Datendoppelgängers. Gleichzeitig findet eine Öffnung des Zugangs zu den Datenbanken statt. War Eurodac ursprünglich für die Verwaltung von Asylverfahren konzipiert, auf die Polizeiorgane keinen Zugriff hatten, so wurde dies 2013 im Rahmen der Eurodac-Revision geändert.

Eurosur, die andere Komponente des *border package*, ist seit 2013 in Betrieb. Als »System der Systeme« soll es in der ersten Phase vor allem die nationalen Grenzüberwachungskapazitäten bündeln. Dies bedeutet, dass sogenannte nationale Kontaktpunkte ihre Daten in das von Frontex betriebene System einspeisen. Spürt beispielsweise die spanische Guardia Civil ein Flüchtlingsboot auf, so wird dies als Ereignis in das System eingetragen und ergänzt um relevante Daten wie etwa Anzahl und Nationalität der InsassInnen. Diese Daten werden dann auf einer Karte dargestellt und können abgerufen werden. Interessanterweise geht es Eurosur – zumindest aktuell – weniger um eine Erfassung und Visualisierung von Migrationsrouten und genauso wenig um die Verfügbarmachung der Daten in Echtzeit. Es geht vielmehr darum, ein aktuelles Lagebild der Ereignisse an Europas Gesamtgrenze zu generieren, um abschätzen zu können, welche Grenzabschnitte unter besonders hohem »Druck« (*migratory pressure*) stehen, damit dort dann beispielsweise über den RABIT-Mechanismus von Frontex interveniert werden kann. Weitere technische Überwachungskapazitäten sollen hinzukommen, müssen aber teilweise noch entwickelt werden, wie Echtzeitsatellitenbilder und der Einsatz von Drohnenflügen. Gleichzeitig werden auch die Nachbarstaaten der EU, etwa Tunesien, gedrängt, die ihnen verfügbaren Daten in Eurosur einzuspeisen.

Gegen Ende des ersten Jahrzehnts der 2000er Jahre hat die EU also ein Regime etabliert, das aus einer aufgerüsteten Grenze, einer vorverlagerten Politik der Migrationskontrolle und einem internen System des Migrationsmanagements besteht. Die niedrigen Ankunftszahlen wurden in den Mitgliedstaaten der EU wohlwollend zur Kenntnis genommen, und auch die Kommission war zuversichtlich, auf dieser Basis nun eine Migrationspolitik entwickeln zu können, die den demografischen und wirtschaftlichen Ansprüchen der EU genügen würde. Diese Politik führte auch dazu, dass Menschen auf dem Weg nach Europa beispielsweise in libyschen Gefängnissen festgehalten wurden, im Mittelmeer ertranken oder am Rande Europas interniert wurden – oder trotz Anerkennung als Flüchtlinge aus den Gesellschaften ausgeschlossen blieben. All diese Folgen wurden zwar immer wieder kritisiert, führten aber zu keinem Umdenken in der europäischen Migrationspolitik. Erst die Ereignisse ab 2013 sollten das europäische Migrations- und Grenzregime in einer Art und Weise erschüttern, die zu dieser Zeit nicht denkbar war.

Anmerkungen

1 Nicht alle Grenzschutzeinheiten in den EU-Staaten sind Teil des Polizeiapparates. In Österreich beispielsweise ist das Bundesheer für den Grenzschutz verantwortlich, ähnlich gilt dies in Finnland. Die spanische Guardia Civil ist paramilitärisch organisiert, und in Italien sind sehr verschiedene Organe für die Grenze zuständig.

2 Die Ironie der Geschichte will, dass die IOM nach all den hochfliegenden Plänen der 1990er Jahre mittlerweile vor allem im Auftrag der Einzelstaaten sogenannte Programme der freiwilligen Rückkehr durchführt. Hier werden MigrantInnen ohne »Bleibeperspektive« meist finanzielle Anreize versprochen, wenn sie freiwillig ausreisen und nicht abgeschoben werden müssen.

3 Das Entry/Exit-System existiert bisher nur auf dem Papier. Im Jahr 2016 wurde auf dem EU-Gipfel in Bratislava jedoch ein neuer Anlauf unternommen, um dieses Projekt voranzutreiben. Größtes Hindernis auf dem Weg zu einem solch umfassenden System ist vor allem die Frage der Umsetzbarkeit und der damit verbundenen Kosten. So hatten auch die USA nach dem 11. September 2001 geplant, ein solches Ein- und Ausreiseregister zu schaffen. Umgesetzt wurde jedoch nur die Einreisekomponente, während ein Bericht des US-Rechnungshofes die Verhältnismäßigkeit von zu erwartenden Kosten und Nutzen der Ausreisekomponente stark in Zweifel zog.

Tunis/Lampedusa: Die Krise Schengens

Die 2007 geschaffenen Rapid Border Intervention Teams (RABIT) von Frontex kamen zunächst nicht zum Einsatz. Dies änderte sich Ende 2010 schlagartig. Im Oktober 2010 häuften sich die Berichte, die griechisch-türkische Landgrenze entlang des Flusses Evros im Norden Griechenlands werde vermehrt von MigrantInnen überquert. Es war von bis zu eintausend MigrantInnen pro Woche die Rede. Die Landminen, die die Grenzen jahrzehntelang gesichert hatten, waren um das Jahr 2006 herum geräumt worden, und die türkische Grenzpolizei unternahm wenig, um die irregulären Grenzübertritte zu unterbinden. Zudem hatte der griechische Grenzschutz seine vormalige Praxis, MigrantInnen illegal über die Grenze zurückzuschieben, aufgegeben, nachdem diese Pushbacks in den Jahren zuvor dokumentiert und international kritisiert worden waren. Im November 2010 wandte sich die griechische Regierung an Frontex und bat um einen Einsatz der RABITs. Innerhalb weniger Tage fanden sich GrenzschützerInnen aus den verschiedensten EU-Mitgliedstaaten am Evros ein und begannen, an der Grenze gemeinsam mit der griechischen Grenzpolizei zu patrouillieren. Zwar konnten auch sie die irregulären Übertritte nicht verhindern, doch die migrantischen Wege verschoben sich entlang des Flusses nach Süden, und nach drei Monaten wurde der RABIT-Einsatz zum Erfolg erklärt und offiziell beendet. Die »Migrationskrise« im Südosten der EU schien beendet.

Doch schon im Januar 2011 erfuhr das europäische Grenzregime eine Erschütterung ganz anderer Art. Der Europäische Gerichtshof für Menschenrechte (EGMR) stellte fest, dass sowohl Griechenland als auch Belgien die Menschenrechte eines irakischen Flüchtlings verletzt hatten, als Belgien ihn auf Basis des Dublin-Reglements nach Griechenland abschob. Der EGMR argumentierte, das griechische Asylsystem sei in einer solchen Weise dysfunktional, dass die Rücküberstellung durch Belgien und dann die unterbliebene Aufnahme durch Griechenland einer Menschenrechtsverletzung gleichkämen. Mit diesem Urteil, das als M.S.S. gegen Griechenland und Belgien bekannt wurde, entzog der EGMR der europäischen Fiktion eines homogenen Schutzraums die Basis. Nicht nur wurde festgestellt, dass es in Griechenland de facto kein Asylsystem gab, sondern auch, dass Belgien die zu diesem Zeitpunkt längst vorliegenden Berichte über die Mängel des griechischen Asylsystems hätte berücksichtigen müssen, statt sich auf eine Fiktion zu verlassen.

Und schließlich nahmen im Dezember 2010 in der kleinen tunesischen Stadt Sidi Bouzid die Ereignisse ihren Ausgang, die zum dritten Faktor in der Krise des Schengener Regimes werden sollten. Mohamed Bouazizi war ein Händler, der auf den dortigen Straßen Gemüse und Obst verkaufte. Wie die meisten seiner Generation – er war 1984 geboren – litt er unter der prekären wirtschaftlichen Situation im Tunesien des Diktators Zine el-Abidine Ben Ali. Nach der wiederholten Beschlagnahmung seines Stands aufgrund einer vorgeblich fehlenden Genehmigung verbrannte sich Mohamed Bouazizi am 17. Dezember 2010 als Protest vor dem Sitz des Gouverneurs in Sidi Bouzid. Mit dieser Tat setzte er jene Bewegungen in Gang, die als Arabischer Frühling bekannt wurden. Nachdem Massenproteste und ziviler Ungehorsam auf ganz Tunesien übergegriffen hatten, floh Ben Ali am 1. Januar 2011 nach Saudi-Arabien. Im Laufe der nächsten Monate griffen die Proteste auf eine Vielzahl von Ländern über und resultierten in teilweise jahrelang anhaltende gewalttätige Konflikte wie die Bürgerkriege in Libyen und Syrien sowie den Aufstand und späteren Militärputsch in Ägypten. Neben der direkten Konsequenz eines Kollapses des mediterranen Grenzregimes kam es in den folgenden Jahren zu einer weitreichenden Destabilisierung der Nachbarschaft der europäischen Union, die nicht nur in neuen Fluchtbewegungen resultierte, sondern auch das außenpolitische Gefüge der EU empfindlich störte.

So gerieten ab 2011 die zentralen Bausteine des europäischen Grenz- und Migrationsregimes – die verstärkte, digitalisierte und zunehmend europäisierte Außengrenze, das Gemeinsame Europäische Asylsystem, die Verknüpfung von Außenpolitik, Innenpolitik, Entwicklungszusammenarbeit und Sicherheitspolitik – zunehmend in eine Krise, um dann 2015 ab dem »Sommer der Migration« vollkommen zu kollabieren.

Arabischer Frühling

Schon direkt nach dem Sturz des tunesischen Diktators Ben Ali zeigte sich, wie sehr das europäische Grenzregime auf seine mediterranen Kooperationspartner angewiesen war. Im Zuge der Externalisierungspolitik war es ab 2004 zu einer vertieften Kooperation zwischen Ben Ali und der EU gekommen, was sich in einer scharfen Repression gegen all jene, die auswanden wollten oder sich in Tunesien als TransitmigrantInnen aufhielten, ausdrückte. Die zeitweilige politische Instabilität in Tunesien führte direkt zu einem Anstieg der Überfahrten nach Italien. Die italienische Regierung forderte von der tunesischen Übergangsregierung, diese zu unterbinden, wurde jedoch scharf zurückgewiesen. Darauf drohte die italienische Regierung mit einem Polizeieinsatz in Tunesien; am Ende wurde jedoch eine Vereinbarung getroffen, die die Rückschiebung aller Tunesier, die nach einem bestimmten Stichtag Italien erreicht hatten, erlaubte. Doch schon vor dem Stichtag waren rund 30.000 junge Tunesier nach Italien gelangt. Die italienische Regierung forderte die übrigen EU-Mitgliedstaaten auf, einen Teil der Tunesier aufzunehmen; diese pochten jedoch auf die Dublin-II-Verordnung, nach der alleine Italien für ihre Aufnahme zuständig sei. Daraufhin drehte die italienische Regierung den Spieß um und vergab an die Tunesier Schengen-Visa und damit die Bewegungsfreiheit im gesamten Schengener Raum. Als Konsequenz schloss die französische Regierung für einen Tag die Grenze bei Ventimiglia, um die Weiterreise der Tunesier nach Frankreich zu unterbinden. Trotz der Kürze der Maßnahme war das Schengener Prinzip der Abschaffung der Binnengrenzen zum ersten Mal gebrochen worden.[1] Bald erwogen auch andere Schengen-Mitgliedstaaten die

Wiedereinführung von Grenzkontrollen, so etwa Deutschland, Dänemark oder auch die Niederlande. Die Kommission wertete diese Pläne allesamt als Verletzungen der Schengenregeln, doch schließlich kam es 2013 zu einer neuen Regelung, die die Grenzkontrollen im Schengener System im Falle erhöhter Migrationsbewegungen erlaubte.

Noch schwerere Konsequenzen für das europäische Grenzregime hatte der Bürgerkrieg in Libyen und die Intervention der NATO. Der libysche Diktator Muammar al-Gaddafi hatte sich in den Jahren vor dem Arabischen Frühling zu einem Kooperationspartner der EU gewandelt und mit Italien eine enge Zusammenarbeit bei der Migrationskontrolle im zentralen Mittelmeer begonnen. Konfrontiert mit der europäischen Unterstützung für die libyschen Rebellen, änderte Gaddafi seine Haltung schlagartig; er ging so weit, die Migration als eine Waffe gegen Europa zu wenden und massenhaft subsaharische ArbeitsmigrantInnen aus Libyen zur Überfahrt nach Italien zu zwingen. Die Ankunft dieser MigrantInnen – Vertriebene im eigentlichen Sinne des Wortes – in Italien führte zur Ausrufung des »Notstands Libyen«. Das italienische Asylsystem geriet an die Grenzen seiner Kapazitäten. Da sich in Libyen keine stabile Regierung etablierte, wurde eine migrationspolitische Kooperation für die folgenden Jahre unmöglich. Eine politische Strategie gegen die seit 2011 steigende Zahl an Überfahrten von Libyen nach Italien konnte die italienische Regierung nicht entwickeln.

Verrechtlichung der Seegrenzen

Doch selbst wenn es einen verlässlichen Kooperationspartner auf libyscher Seite gegeben hätte, wäre die Rückkehr zum Status quo ante – dem Abfangen der MigrantInnen auf hoher See und ihrer sofortigen Rückschiebung nach Libyen – verbaut gewesen. Als diese Praxis im Mai 2009 zum ersten Mal angewandt wurde und die ersten Gruppen von MigrantInnen nach Libyen zurückgeschoben wurden, hinterließen sie Anwaltsvollmachten. Auf dieser Basis wurde in Italien ein Verfahren gegen den italienischen Staat angestrengt.

Libyen hatte die Genfer Flüchtlingskonvention nicht vollständig umgesetzt, und viele Berichte verwiesen darauf, dass Transitflüchtlinge unter unmenschlichen Bedingungen festgehalten wurden. Es gab keine Präsenz des UNHCR in Libyen, das Land konnte unter keinen Umständen als sicherer Drittstaat eingestuft werden. Die italienischen Pushback-Operationen stellten daher ein Verstoß gegen das Non-Refoulement-Prinzip der Genfer Flüchtlingskonvention dar, so die Argumentation der KlägerInnen. Die italienische Regierung erwiderte, dass internationales Recht wie die Genfer Flüchtlingskonvention auf die beteiligten staatlichen Institutionen nicht anwendbar sei, da die Operationen außerhalb Italiens stattgefunden hätten und internationales Recht außerhalb des Territoriums keine Gültigkeit entfalte.

Der Fall ging durch die italienischen Gerichtsinstanzen und landete schließlich beim Europäischen Gerichtshof für Menschenrechte. Im Januar 2012 befand der EGMR, dass internationales Recht international anwendbar und für staatliche Akteure selbst dann bindend sei, wenn diese außerhalb ihres nationalen Territoriums agierten. Laut EGMR hatte Italien somit gegen das Non-Refoulement-Prinzip verstoßen. Obwohl das Urteil nur in einem spezifischen Fall ergangen war, hatte es weitreichende Folgen für das europäische Migrations- und Grenzregime. Infolge dieses Urteils konnte nun jede Form von Externalisierung, bei der EU-Staaten bzw. Institutionen aus EU-Staaten mit Drittstaaten kooperieren, auf ihre Konformität mit internationalem Recht und der unterschiedlichen Kodifizierung von Menschenrechten hin geprüft werden. Zudem wurde die vormals umkämpfte Frage der Gültigkeit internationalen Rechts an der europäischen Außengrenze eindeutig beantwortet. Für eine fortgesetzte Politik der Externalisierung stellte diese Rechtsprechung ein ernstzunehmendes Hindernis dar. Es stellte eine Säule des europäischen Grenzregimes grundsätzlich infrage.

Die Dublin-Krise

Mit den steigenden Ankunftszahlen in Italien ab 2011 rückte auch das Dublin-System wieder in den Mittelpunkt der Auseinandersetzungen um das europäische Grenzregime. Nicht nur Italien sah sich aufgrund der Dublin-Regeln mit einer steigenden Anzahl von Asylsuchenden konfrontiert, die untergebracht und deren Anträge bearbeitet werden mussten. Waren die Standards zwischen den nationalen Asylsystemen spätestens seit 2008 schon weiter und weiter divergiert, so verschlechterten sich die Aufnahmebedingungen in allen südlichen und südöstlichen EU-Mitgliedstaaten an der EU-Außengrenze nun nochmals. Außerdem sammelte sich hier eine wachsende Anzahl von MigrantInnen, die gar nicht vorhatten, im Erstland zu verweilen.

Trotz der Rhetorik eines gemeinsamen und harmonisierten Asylsystems in Europa lagen zwischen den verschiedenen asylrechtlichen Standards wie auch den Bedingungen, unter denen AsylbewerberInnen und anerkannte Flüchtlinge in den einzelnen EU-Ländern lebten, Welten. Entsprechend lax waren die EU-Länder, die sich durch Dublin am stärksten benachteiligt fühlten, bei der Registrierung von Fingerabdrücken und ermöglichten so die Weiterreise in den Norden. MigrantInnen und Flüchtlinge versuchten ihrerseits andere EU-Staaten zu erreichen, um dann dort ihren Asylantrag zu stellen. Auf Ersteres reagierte die EU mit zunehmendem Druck, während Letzteres bald zu einem Fall für die Gerichte auf der nationalen und der EU-Ebene wurde.

Anfang 2011 hatte diese Entwicklung ihren ersten Höhepunkt erreicht. Auf der Grundlage von Dublin erwog das deutsche Verfassungsgericht die Aussetzung von Abschiebungen nach Griechenland, und der Europäische Gerichtshof fällte das M.S.S.-Urteil. Daraufhin wurden in ganz Europa Abschiebungen nach Griechenland auf der Grundlage von Dublin ausgesetzt. Zwar waren die Bedingungen in Griechenland am problematischsten, allerdings war die Lage in einer Reihe weiterer EU-Staaten wie Italien, Malta, Zypern, Bulgarien und Ungarn kaum besser. Entsprechend stand das Dublin-System unter erheblichem Druck, und die Kommission versuchte, diese Probleme zu beheben. Als dann noch der Europäische Gerichtshof entschied, dass EU-Staaten erst zu prüfen hätten, ob die Bedingungen für AsylbewerberInnen in dem Land, in das sie auf der Grundlage von Dublin abgeschoben werden sollen, nicht zu einem Verstoß gegen ihre Menschenrechte führten, war es endgültig aus: Es zerbarst die Fiktion, ein Asylsystem könne allein aufgrund der EU-Mitgliedschaft eines Staates gar nicht unzulänglich sein – und der desolate Zustand des GEAS wurde offenbar. Vermehrt wurden nun Dublin-Abschiebungen in andere EU-Mitgliedstaaten durch Gerichte unterbunden. Damit befand sich nun auch der EU-interne Mechanismus der Migrationskontrolle in einer Krise. Es wurde immer wahrscheinlicher, dass Dublin, und damit das GEAS, in sich zusammenbrechen würde.

Lampedusa, Oktober 2013

Im Oktober 2013 geriet dann die europäische Grenze als solche in eine tiefe Legitimationskrise. Innerhalb weniger Tage kenterten zwei Schiffe vor der italienischen Insel Lampedusa, rund 500 Menschen fanden dabei den Tod. Es war weder das erste noch das letzte Mal, dass es hier zu einer solchen Tragödie kam, dennoch wurden die Ereignisse wie nie zuvor zu einem Thema für die europäische Öffentlichkeit. Die Legitimität der Abschottungsmaßnahmen an den Grenzen, die die vielen Toten im Mittelmeer verursacht hatten, begann zu wanken.

Nach den Schiffsunglücken ließ sich eine Neuausrichtung in den politischen und medialen Auseinandersetzungen um das europäische Grenzregime beobachten. Auch wenn die offiziellen Politikziele einer Verhinderung von Migration durch die Aufrüstung der europäischen Außengrenze nicht grundsätzlich infrage gestellt wurden, so geriet diese kompromisslose Position dennoch in die Defensive: Zum ersten Mal standen tatsächlich die migrantischen Todesopfer im Zentrum der Debatte. Versuche, die Schuld an den Todesfällen den Schleppern zuzuweisen, konnten sich damals nicht durchsetzen, vielmehr wurde – vor allem auch medial – vermehrt der Zusammenhang zwischen der Aufrüstung der europäischen Außengrenze, dem dadurch erhöhten Risiko auf den Fluchtrouten nach Europa und den Todesfällen thematisiert. Erkennbar wurde, dass sich eben nicht lediglich Unglücke, Tragödien oder Katastrophen vor Lampedusa ereigneten, sondern dass die Todesfälle konkrete Konsequenzen des europäischen Grenzregimes und spezifischen Politiken und Institutionen geschuldet sind.

Die Antworten der europäischen Institutionen auf die Ereignisse von Lampedusa erfolgten schnell. Wenige Tage nach dem ersten Unglück am 3. Oktober 2013 wurde eine Task Force ins Leben gerufen, die unter der Federführung der Kommission Konsequenzen aus den Todesfällen von Lampedusa im Bereich der Migrations-, Grenz- und Asylpolitik prüfen sollte. Beschlüsse des Rates wie auch des Europäischen Parlaments unterstrichen die Notwendigkeit einer Neuformulierung europäischer Migrations- und Grenzpolitik. Doch – wenig überraschend – kam es nicht zu dieser Neuorientierung. In bewährter EU-Manier schlug die Task Force lediglich ein Aufstocken, Harmonisieren oder Verbessern existierender Mechanismen vor. Trotz aller Erklärungen, dass sich Unglücke wie vor Lampedusa nicht wiederholen dürften, wurden weder konkrete Maßnahmen beschlossen, sie künftig zu verhindern, noch eine Umorientierung europäischer Migrations- und Grenzpolitik angegangen. Angekündigt wurde lediglich, dass sich der EU-Gipfel im Juni 2014 noch einmal eingehender mit Fragen der Migrations- und Asylpolitik befassen werde.

Ungeachtet der breiten Betroffenheit und des neuen diskursiven Fokus auf die Todesopfer des Grenzregimes ergriff die EU wie gewohnt restriktive Maßnahmen: Am 10. Oktober 2013 wurde die rechtliche Grundlage für Eurosur geschaffen und im Mai 2014 die sogenannte Seeaußengrenzenverordnung verabschiedet, über die erneut versucht wurde, eigentlich völkerrechtswidrige Pushbacks auf hoher See zu legalisieren.

Wichtiger aber war die Reaktion der italienischen Regierung. Sie rief am 18. Oktober 2013 den humanitären Notstand in der Straße von Sizilien aus – also dem Teil des Mittelmeers zwischen Tunesien, Libyen und Sizilien – und begann die Operation Mare Nostrum, die zugleich als humanitäre und militärische Operation beschrieben wurde. Als Ziele der Operation wurden einerseits die Seenotrettung, andererseits die Verfolgung von Schleuserkriminalität angegeben. Das Operationsgebiet von Mare Nostrum reichte anfangs bis an die libyschen Hoheitsgewässer. Mithilfe der eingesetzten Überwachungstechnik wurden Flüchtlingsboote aufgespürt und die InsassInnen auf das italienische Festland gebracht. Der Unterschied zur bisherigen Praxis, Flüchtlingsboote auf hoher See aufzubringen und zur Rückkehr nach Libyen zu zwingen, war elementar: Zum ersten Mal in der Geschichte des europäischen Grenzregimes wurde die Rettung von Menschenleben als wichtiger erachtet als der Schutz der europäischen Außengrenze.

Mare Nostrum stellte jedoch einen nationalen Alleingang dar. Weder beteiligten sich die EU oder einzelne Mitgliedstaaten an den enormen Kosten der Operation, noch gab es eine Kooperation mit der zeitgleich im zentralen Mittelmeer stattfindenden Frontex-Operation. Vielmehr wurde Italien vehement für seine neue Politik kritisiert. Der damalige Bundesinnenminister de Maizière bezeichnete die Operation noch im Oktober 2014 als »Brücke nach Europa«.

Im August 2014 wurde dann auch das Ende von Mare Nostrum beschlossen. Ersetzt wurde sie durch die neue Frontex-Operation Triton, die ab November 2014 im zentralen Mittelmeer aktiv wurde. Schnell stellte sich jedoch heraus, dass das Einsatzgebiet von Triton auf die italienischen Hoheitsgewässer beschränkt war und dass das Mandat der Mission den Schutz der Seegrenze wieder über die Rettung von Menschenleben stellte. Erst als es im April 2015 erneut zu einem schweren Unglück mit rund 800 Toten kam, wurde das Einsatzgebiet von Triton erweitert und die Priorität auf die Seenotrettung verschoben.

Der anvisierte migrationspolitische EU-Gipfel im Juni 2014 aber fand nie statt. Zu sehr war die EU mit den Auswirkungen der Finanzkrise, der

Ukrainekrise und dem Ergebnis der Wahlen zum Europäischen Parlament beschäftigt. Obwohl das europäische Grenzregime und seine verschiedenen Komponenten sich spätestens seit 2013 in einer sich stetig verschärfende Krise befanden, wurde auf der Ebene der EU nicht gegengesteuert. Im Oktober 2014 nahm die neue Kommission unter dem Präsidenten Jean-Claude Juncker ihre Arbeit auf und definierte Migration als eines der neuen Schwerpunktfelder der Kommission. Es sollte aber noch bis zum Frühjahr 2015 dauern, bis die Kommission agieren würde.

Anmerkung

1 Dies bedeutet nicht, dass es nicht auch schon vorher zu einer temporären Wiedereinführung von Grenzkontrollen gekommen war. In der Tat erlauben die Schengenregeln diese explizit, zum Beispiel für Großereignisse wie Fußballweltmeisterschaften oder politisch hochrangige Gipfeltreffen. Hierbei handelt es sich jedoch um multilateral vereinbarte Maßnahmen.

Budapest: Der Sommer der Migration und seine Folgen

Die Kommission unter Präsident Juncker ließ keinen Zweifel daran, dass sie Migration und Grenze als dringendes politisches Thema innerhalb der EU betrachtete. Der ehemalige Kommissar für Innenpolitik wurde zum Kommissar für Migration, Inneres und Staatsbürgerschaft (»Migration, Home Affairs and Citizenship«) aufgewertet (besetzt mit dem Konservativen Dimitris Avramopoulos). Und gemeinsam mit dem Ersten Vizepräsidenten der Kommission, Frans Timmermans, und der Hohen Vertreterin für Außen- und Sicherheitspolitik (sozusagen der Außenministerin der EU), Federica Mogherini, wurde ein migrationspolitischer Cluster innerhalb der Kommission geschaffen. Damit war das Thema Migration so prominent vertreten wie noch nie.

Die Vorbereitungen für den nächsten großen Wurf in der europäischen Migrations- und Grenzpolitik waren also im Gange, als es im April 2015 erneut zu einem schweren Schiffsunglück im Mittelmeer kam. Die Kommission war gezwungen, schnell auf die Ereignisse zu reagieren. Wie schon erwähnt, kam es auch zu einer Neudefinition der Frontex-Operation

Triton: Seenotrettung wurde wieder höchstrangige Aufgabe des europäischen Grenzschutzes. Der von der Kommission hastig zusammengeworfene Zehn-Punkte-Plan liest sich wie eine Bestandsaufnahme der Krise Schengens. Neben Umorientierung von Triton und der für den Ägäis-Raum zuständigen Operation Poseidon sollten nun auch die relevanten EU-Agenturen stärker vernetzt werden. Dabei ging es hier weniger um eine Vernetzung von europäischen und nationalen Grenzschutzeinheiten, wie sie schon lange im Rahmen des *integrated border managements* angestrebt war, sondern nun ging es um die Vernetzung von Frontex mit dem Europäischen Asylunterstützungsbüro EASO, Europol und der europäischen Justizbehörde Eurojust. Ebenso sollten die Mitgliedstaaten gedrängt werden, ihre laxe Eurodac-Registrierungspraxis zu verbessern. Eine Reihe von externen Maßnahmen flankierten diesen Vorstoß.

Gleichzeitig begannen die Planungen für einen Militäreinsatz im Mittelmeer zur Bekämpfung der Schlepper und Schleuser, der sich also direkt gegen die migrantische Logistik der Überfahrten richtete. Dieser Einsatz, an dem sich die Marine von 25 EU-Mitgliedstaaten beteiligte und der zuerst unter dem Namen EUNAVFOR MED und später als »Operation Sophia« bekannt wurde, stellte die Antwort auf die Unmöglichkeit der Kooperation mit Libyen dar. Anvisiert wurde, dass das europäische Militär im Zweifelsfall sogar mit Bodentruppen in Libyen aktiv werden sollte, um Schleusernetzwerke zu zerstören. Aufgrund der fehlenden, aber notwendigen Bevollmächtigung durch den UN-Sicherheitsrat wurde dieser Teil der Operation nie umgesetzt.

Charakteristisch für das Frühjahr 2015 ist, dass die europäischen Institutionen den Ereignissen hinterherliefen und nur noch reagieren konnten und dass zudem der Fokus ausschließlich auf dem zentralen Mittelmeer lag. Trotz aller Risikoanalysen und Versuche der Vorhersage schien es allen beteiligten Akteuren zu entgehen, dass aufgrund des anhaltenden syrischen Bürgerkriegs und einer sich dramatisch verschlechternden Versorgungslage in den Flüchtlingslagern der Nachbarstaaten eine Bewegung der Fluchtmigration entstand, der das schon längst kriselnde Grenzregime nicht gewachsen sein würde.

Die Europäische Migrationsagenda

Im Mai 2015 schließlich stellte die Kommission ihre Europäische Migrationsagenda (European Agenda on Migration, EAM) vor. Sie war der lang erwartete

Aufschlag für eine Neugestaltung der europäischen Migrationspolitik. Doch die EAM versprach keine wesentliche Umorientierung. Ihre langfristigen Maßnahmen greifen auf die bekannten Elemente europäischer Migrationspolitik zurück: Versprochen wird ein starkes gemeinsames Asylsystem, die Bekämpfung irregulärer Migration, der Schutz der Außengrenze sowie legale Migrationswege in die EU. Die Krise Schengens stellt – auch wenn sie im Dokument nicht als solche bezeichnet wird – die Legitimationsgrundlage für die Agenda dar. Es gibt lediglich diskursive Referenzen an diese Krise (beispielsweise heißt das Kapitel zum Schutz der Außengrenze nun »Grenzmanagement – Menschenleben retten und Außengrenzen sichern«), im Wesentlichen bleibt es aber bei der Argumentation, dass der seit Langem eingeschlagene Weg der richtige sei, er müsse nur vehementer verfolgt werden.

Die Migrationsagenda ist daher vor allem als Dokument des Versuchs zu sehen, nach rund einem halben Jahrzehnt Stagnation in der Europäisierung der Migrationspolitik wieder eine neue Dynamik zu entfachen und endlich aus dem bloßen Reagieren auf die Ereignisse herauszukommen. Dies wird besonders deutlich an den vorgeschlagenen Sofortmaßnahmen.

Neben einem EU-weitem Resettlement-Programm[1] wird als direkte Antwort auf das Versagen des Dublin-Reglements vorgeschlagen, einen sogenannten Relocation-Mechanismus einzuführen. Alle EU-Mitgliedstaaten sollen nun Kontingente für Flüchtlinge bereitstellen. Aus klassischen Ankunftsstaaten wie Italien und Griechenland könnten Flüchtlinge, die einer Nationalität angehören, deren Flüchtlingsanerkennungsquote im EU-Durchschnitt über 75 % liegt, umgesiedelt werden. Der vorgeschlagene Verteilungsschlüssel berechnet die Kontingente anhand von Faktoren wie Bevölkerung, Wirtschaftskraft, Arbeitslosigkeit und durchgeführten Asylverfahren. Allerdings soll dieser Mechanismus nur in Krisenzeiten aktiviert werden. Er stellt also keine grundlegende Reform der Dublin-Regeln dar, wenngleich er auch einen möglichen Verteilungsschlüssel für eine solche Reform etabliert.

Ist der Relocation-Mechanismus eine eher langfristige Maßnahme, so ist der Ansatz der Hotspots ein sehr schnell greifender Versuch, die Grenze Europas weiter zu europäisieren. Hiernach werden bestimmte Abschnitte der EU-Grenze zu Hotspots erklärt, sobald sie auf der Basis von Eurosur-Daten als Zonen hoher irregulärer Migration gelten. Es ist so etwas wie die Ausrufung des

Notstands für einen bestimmten Grenzabschnitt. Die Kennzeichnung als Hotspot liefert die Legitimationsbasis für die dann folgende Intervention europäischer Agenturen. So soll etwa Frontex zur Überwachung der Grenze eingesetzt werden und das Europäische Asylunterstützungsbüro EASO bei der Bearbeitung von Asylanträgen. Weitere EU-Institutionen wie Europol und Eurojust sollen bei der Strafverfolgung von Schleppern und Schleusern unterstützen. Diese europäische Intervention ist ein zweischneidiges Schwert. Im Gewand der Unterstützung liegt doch die Priorität auf der allumfassenden Registrierung aller Ankommenden in der Eurodac-Datenbank. In dieser Hinsicht kann der Hotspot-Ansatz auch als Misstrauensvotum der EU gegenüber Griechenland und Italien gelesen werden. Die Linie zwischen Unterstützung und Überwachung auch der dortigen Behörden ist unklar.

Der Vorschlag der Kommission für den Relocation-Mechanismus innerhalb Europas stieß größtenteils auf Ablehnung. Insbesondere seine Verbindlichkeit wurde kritisiert: Wenige EU-Mitgliedstaaten wollten sich von der Kommission diktieren lassen, wie viele Flüchtlinge sie aufzunehmen hätten. Letztlich wurden 2015 unter dem Eindruck der steigenden

Ankünfte dann einmalig Kontingente beschlossen. Der Hotspot-Ansatz dagegen wurde stärker begrüßt. Allerdings interpretierten die EU-Innenminister ihn vor allem als Plan zur umfassenden Internierung von Flüchtlingen nahe der Außengrenze.

Trotz dieser teilweise einschneidenden Maßnahmen kam die EU nicht aus dem Reagieren heraus, denn von den Fluchtbewegungen zum Beispiel aus Syrien und der Menge der Ankünfte an der ägäischen Meeresgrenze zwischen der Türkei und Griechenland wurde die EU – allen Prognoseaktivitäten zum Trotz – schlichtweg überrascht.

Der Bahnhof Budapest Keleti und die Balkanroute

Die steigende Zahl der Ankünfte auf den griechischen Ägäisinseln im Frühjahr 2015 wurde zwar zur Kenntnis genommen, doch Griechenland stand vor allem wegen der Verhandlungen im Rahmen der Eurokrise im internationalen Fokus. So etablierte sich eine neue Route der Migration nach Europa, die im Wesentlichen, aber nicht ausschließlich von syrischen, irakischen und afghanischen FluchtmigrantInnen genutzt wurde. Von Griechenland führt die Route über die Nicht-EU-Staaten Mazedonien und Serbien nach Ungarn. Die nationalistische ungarische Regierung unter Viktor Orbán reagierte rhetorisch scharf und verkündete den Bau eines Grenzzaunes zu Serbien, agierte ansonsten aber pragmatisch und ließ den weiteren, klandestinen Transit nach Österreich und damit nach Deutschland und Skandinavien zu.

Erst als Ende August in Österreich ein Lastwagen mit 71 erstickten MigrantInnen gefunden wurde und die österreichische Polizei daraufhin begann, die Grenze zu Ungarn scharf zu kontrollieren, begann sich die Situation zuzuspitzen. Am Budapester Ostbahnhof (Keleti pályaudvar) sammelten sich innerhalb weniger Tage Tausende von MigrantInnen, für die Ungarn zur Sackgasse geworden war. Ein Gerücht, dass die deutsche Regierung die Suspendierung von Dublin-Rückschiebungen für SyrerInnen erwäge, führte zu einem Run auf die Züge nach Deutschland. Die ungarische Regierung reagierte planlos. Einen Tag ließ sie die MigrantInnen gewähren, am nächsten Tag wurden alle internationalen Zugverbindungen eingestellt. Eine Internierung wurde versucht, scheiterte aber am Widerstand der MigrantInnen. Nach fünf Tagen brachen mehrere Tausend von ihnen zu einem Fußmarsch auf mit dem Ziel Österreich. Noch am selben Abend erklärte die deutsche Regierung, dass sie die Flüchtlinge aufnehmen werde.

Damit wandelte sich die Route über den Balkan zu einem staatlich legitimierten Korridor. Über die nächsten Monate organisierten die beteiligten Staaten einen reibungslosen und schnellen Transit der Flüchtlinge von Griechenland bis nach Deutschland und darüber hinaus. Die langjährige Forderung nach einem humanitären Korridor nach Europa (so schwierig der Begriff aufgrund seiner militärischen Herkunft ist) war verwirklicht worden. Gleichwohl wurde er nicht institutionalisiert. Nach und nach wurde der Zugang an dem griechisch-mazedonischen Grenzdorf Idomeni eingeschränkt, bis der Korridor im Februar 2016 ganz geschlossen wurde. Die über 10.000 MigrantInnen, die bei Idomeni ausharrten und auf eine erneute Öffnung warteten, wurden im Mai 2016 geräumt und in griechischen Flüchtlingslagern untergebracht.

Bekanntermaßen führte die Entscheidung der Bundesregierung, die Einreise der Flüchtlinge nach Deutschland zuzulassen, zu einem erheblichen politischen Konflikt innerhalb der EU. Im Kern dieses Konflikts stand nicht die Frage, ob eine andere Migrationspolitik in der EU, wie sie mit dem Korridor kurzzeitig aufblitzte, notwendig wäre. Vielmehr entbrannte der Konflikt entlang der Frage, in welcher Art die Restabilisierung des Schengener Regimes sichergestellt werden sollte. Während die deutsche Regierung, insbesondere Kanzlerin Merkel, und die Kommission auf eine »europäische Lösung« drängten, wollten sich viele andere Mitgliedstaaten einer solchen europäischen Lösung nicht unterwerfen, sondern weiter, oder sogar vermehrt alleine über ihre Migrations- und Flüchtlingspolitik entscheiden.

Der Fraktion der »europäischen Lösung« ging es in erster Linie um die Wiederherstellung der Integrität des Schengenraumes. Was 2011 mit einer kurzzeitigen Grenzschließung zwischen Frankreich und Italien begonnen hatte, drohte sich zum Normalfall auszuwachsen. Ab dem Sommer 2015 kam es an verschiedenen Binnengrenzen wieder zu Kontrollen, Zaunbauten und anderen architektonischen Maßnahmen. Das Ende Schengens schien Ende 2015 eine reale Möglichkeit – mit schweren Folgen für den europäischen Binnenmarkt und damit das europäische Projekt als Ganzes.

Der EU-Türkei-Deal

Die Lösung dieser »Flüchtlingskrise«, die faktisch eine Krise des europäischen Grenz- und Migrationsregimes war, bestand aus einem Rückgriff auf das altbekannte Repertoire: Externalisierung. Ab Oktober 2015 wurde mit der Türkei verhandelt.

Diese sollte die Funktion einer Torwächterin für die EU übernehmen. Vergleichbar mit den in den 2000er Jahren getroffenen Vereinbarungen mit den Staaten Nordafrikas, wurde am 18. März 2016 eine Kooperation zwischen der Türkei und der EU unterzeichnet. Offiziell nur eine gemeinsame Absichtserklärung – ein bindender internationaler Vertrag hätte der Zustimmung des Parlaments bedurft – beinhaltete das Übereinkommen die »klassischen« Komponenten: Die Türkei verpflichtete sich, die Überfahrten auf die griechischen Inseln schon an der türkischen Küste zu unterbinden und die Rückschiebung von MigrantInnen von Griechenland zu akzeptieren. Die EU sicherte der Türkei eine Sofortzahlung von drei Milliarden Euro für die Unterbringung der Flüchtlinge zu, ein Betrag in gleicher Höhe sollte ab 2017 folgen. Gleichzeitig wurde das EU-Resettlement-Programm auf die Türkei ausgeweitet: Bis zu 72.000 SyrerInnen sollten direkt aus der Türkei in die EU aufgenommen werden. Die visumfreie Einreise in die EU für türkische StaatsbürgerInnen sowie eine Vertiefung des Beitrittsprozesses wurden in Aussicht gestellt.

Um die Rückschiebungen aus Griechenland in die Türkei rechtlich wasserdicht zu machen (das internationale Flüchtlingsrecht untersagt nicht nur die Rückschiebung in unsichere Staaten, sondern auch Kollektivabschiebungen), wurde eine komplexe rechtliche Rochade in Gang gesetzt. Da die Türkei die Genfer Flüchtlingskonvention nur mit dem sogenannten geografischen Vorbehalt[2] unterzeichnet hatte, konnte sie für syrische Flüchtlinge nicht als sicherer Drittstaat eingestuft werden. Im Rahmen des Deals schuf der türkische Staat daher zum ersten Mal einen Schutzstatus für syrische Flüchtlinge, denen – ebenfalls erstmalig – auch der Zugang zum Arbeitsmarkt eingeräumt wurde.

Um dem Verbot der Kollektivabschiebungen entgegenzuwirken, wurde mit dem Hotspot-Ansatz argumentiert. Schon im Winter 2015/2016 waren die ersten Hotspot-Zentren in Italien und Griechenland eingerichtet worden. Sie stellten vor allem Registrierungszentren dar. Idealerweise sollte auch der Relocation-Mechanismus zum Tragen kommen, tatsächlich aber lahmte dessen Umsetzung erheblich. Mit dem EU-Türkei-Deal wandelten sich die griechischen Registrierungszentren zu Internierungslagern, in denen die ankommenden MigrantInnen festgehalten werden sollten. Der Plan war, innerhalb von 25 Tagen nicht nur eine Identitätsfeststellung und Registrierung vorzunehmen, sondern auch Asylanträge kursorisch zu prüfen. Dabei ging es nicht um die Prüfung von Asylgründen, sondern vor allem um die Einschätzung, ob eine Rückschiebung in die Türkei rechtlich einwandfrei sei. Auf diese Art, so das Argument, fand eine individuelle Prüfung vor der Abschiebung statt.

Die Hotspot-Zentren wandelten sich also zu Fabriken der Abschiebebürokratie – so zumindest war es gedacht. Tatsächlich aber fanden kaum Abschiebungen in die Türkei statt. Das einzige funktionierende Element des EU-Türkei-Deals war die Verhinderung der Abfahrten durch die türkische Polizei und Gendarmerie.

Die Kosten des Deals sind allerdings erheblich. Aufgrund ihrer Abhängigkeit vom guten Willen der Türkei, die Migration weiterhin zu verhindern, sieht sich die EU außerstande, die autokratische Politik nach dem gescheiterten Militärputsch in der Türkei zu kritisieren, und nimmt damit eine ähnlich unkritische Position ein, wie sie sie gegenüber den Diktaturen in Nordafrika pflegte. Auch für die Fiktion des homogenen Asylsystems in Europa stellt der EU-Türkei-Deal und seine Verquickung mit dem Hotspot-Ansatz einen Rückschritt dar. Der Notstandsmechanismus der Hotspots hat den »Raum des Schutzes« fragmentiert, indem auf den griechischen Ägäisinseln ein zweites Asylregime etabliert wurde, das lediglich auf die Feststellung von Abschiebbarkeit abzielt.

Anmerkungen

1 Unter Resettlement wird die direkte Aufnahme von Flüchtlingen aus Krisenregionen verstanden. Insbesondere die Flüchtlingspolitik der USA und Kanada basiert stark auf diesem Verfahren. In gewisser Weise ähnelt es jedoch frappierend den Plänen für extraterritoriale Flüchtlingslager wie etwa den TPCs (s. S. 43).

2 Der geografische Vorbehalt stammt aus der Anfangszeit der Genfer Flüchtlingskonvention nach dem Ende des Zweiten Weltkriegs. Er besagt, die Kovention nur auf Flüchtlinge anzuwenden sei, die aus Europa kommen.

Bratislava: Das kommende Grenzregime?

Mit der Schließung der Balkanroute im Februar 2016 sowie dem Inkrafttreten des EU-Türkei-Deals im März 2016 sind die Überfahrten von der Türkei auf die griechischen Inseln stark zurückgegangen, und die Ankünfte von Asylsuchenden – auch in Deutschland – haben sich stark reduziert. Mehrere zehntausend Flüchtlinge, die im Frühjahr noch versucht hatten, ihren Weg vom nordgriechischen Idomeni aus nach Norden fortzusetzen, blieben dort hängen und wurden nach der Räumung Idomenis in improvisierten Flüchtlingslagern in Nordgriechenland untergebracht. Die Grenzen auf dem Balkan sind wieder geschlossen und teilweise massiv befestigt. Ungarn hat seine Grenze zu Serbien und Kroatien mit einem durchgängigen Zaun gesichert und die Inhaftierung aller Asylsuchenden beschlossen. An vielen Binnengrenzen im Schengenraum kommt es weiterhin zu Kontrollen; grenznahe Gebiete werden durch die Polizei überwacht. Dies bedeutet jedoch keineswegs ein Ende der irregulären Migration zwischen der Türkei und Nordeuropa. Auf den griechischen Ägäisinseln kommen immer wieder Boote an, Grenzübertritte am Evros im Norden Griechenlands haben zugenommen, und neue Routen über den Balkan – etwa über Bulgarien, durch Albanien oder auch von Slowenien nach Italien – haben sich aufgetan. Und immer wieder kommt es an den verschiedenen Grenzen zu illegalen Pushbacks: Gewalt gegen Flüchtlinge ist an der Tagesordnung.

Den dramatischsten Wandel jedoch haben die Meeresgrenzen im zentralen Mittelmeer erfahren, also zwischen Libyen und Italien. Nachdem die Operation *Mare Nostrum* im Jahr 2014 durch die Frontex-Operation *Triton* ersetzt wurde, kam es zu einer bemerkenswerten Initiative. Vermehrt organisierten zivilgesellschaftliche Organisationen Rettungsschiffe, die – anders als die *Triton*-Schiffe – vor allem in der sogenannten Todeszone in der Nähe der libyschen Küste verkehrten und dort die Rettung schiffbrüchiger MigrantInnen organisierten. Unterstützt von dem *Alarmphone*-Netzwerk, das Druck auf das italienische Seenotrettungszentrum in Rom ausübte, konnten viele Todesfälle verhindert werden. Dennoch: Die Route bleibt grundsätzlich eine tödliche. Im Kontext der Verrechtlichung der Seegrenzen füllten also Initiativen von unten die Lücke, die das europäische Grenzregime im Mittelmeer gewollt hinterlassen hatte. Seit 2018 führt jedoch die neue populistische Regierung Italiens – insbesondere der nationalistische Innenminister

Salvini – eine regelrechte Kampagne gegen die Seenotrettung. Rettungsschiffe wurden unter juristischen Vorwänden beschlagnahmt, am Einlaufen in italienische Häfen gehindert oder ihr erneutes Auslaufen untersagt. Das Mittelmeer wurde so erneut und vorsätzlich zu einer tödlichen Waffe gegen die Migration umfunktioniert.

In Deutschland wurden die Asylgesetze und ihre Umsetzung seit 2015 in drei Gesetzespaketen drastisch verschärft. Alle Asylsuchenden müssen nun bis zum Ende ihres Verfahrens in Erstaufnahmelagern verweilen. Mit den sogenannten Ankerzentren wird ihr Ausschluss aus der Gesellschaft institutionalisiert, denn von der Ankunft bis zur Abschiebung sollen die Geflüchteten die Zentren nicht mehr verlassen dürfen. Die Wesensverwandschaft der Ankerzentren mit den Hotspot-Zentren in Griechenland und Italien ist offensichtlich: Beide sollen eine schnelle Abfertigung Asylsuchender in Isolation ermöglichen. Abschiebungen werden forciert, insbesondere in Staaten wie Afghanistan, das nun als angeblich sicher deklariert wird. Ausreisepflichtige Asylsuchende sollen zur Ausreise gedrängt werden etwa durch Arbeitsverbote, Geldbußen und Haft in normalen Justizvollzugsanstalten. Dass Letzteres nach europäischem Reglement nicht zulässig ist –

Abschiebehaft darf als Administrativhaft nämlich nur in eigens dafür eingerichteten Zentren vorgenommen werden, scheint unerheblich. Auf dieser Linie liegt auch Bundesinnenminister Seehofer mit seinem Vorhaben aus dem Frühjahr 2019, Abschiebungen per Gesetz zu erleichtern und Flüchtlinge zu inhaftieren. Zugleich wird die konkrete Abschiebepraxis weiter brutalisiert: Ein Indiz dafür ist die stetige Zunahme der Abschiebungen, die PilotInnen nicht glauben verantworten zu können und die deshalb abgebrochen werden (2018 waren es 506 Fälle, 2016 nur 136). UnterstützerInnengruppen und Hilfsorganisationen – zuvor als »Willkommenskultur« gefeiert – werden nun diffamiert und kriminalisiert. Im Zuge der unbewältigten Krise des Grenzregimes erleben autoritäre Tendenzen und Maßnahmen zur Gängelung der Zivilgesellschaft auch in Deutschland – etwa durch die Aberkennung der Gemeinnützigkeit kritischer Organisationen – eine traurige Renaissance.

Profitiert haben von der Krise des Grenzregimes rechte und rechtspopulistische Parteien, die seit 2015 einen enormen Aufstieg erlebt haben. So unterschiedlich die nationalen Kontexte sind, in denen sie ihre Erfolge erzielen, so ist ihnen doch eines gemeinsam: die beständige Skandalisierung der Tatsache der Migration, verbunden mit einem – wenn überhaupt – schwach verhüllten Rassismus. Mittlerweile sind rechte Parteien in genügend vielen Regierungen in der EU vertreten, um migrationspolitische Vorhaben auf der Ebene der EU effektiv blockieren zu können. Denn obwohl diese Parteien beständig und lautstark ein Eingreifen, ein Durchregieren des Staates gegen die Migration fordern, so glänzt ihre realpolitische Strategie gerade dadurch, Maßnahmen nicht zuzulassen. Sie wünschen sich vielmehr die Fortsetzung des vermeintlichen Skandals der Migration, weil er ihnen mehr Macht und Einfluss verspricht.

Wie schon in den 1990er Jahren polarisiert der anti-migrantische Diskurs von rechts die gesamte Gesellschaft. Etablierte Parteien greifen die Diskurse auf, und das Klima für alle MigrantInnen, also auch für jene, die schon lange in Europa leben, wird rauer. Gleichzeitig sind aber auch neue gesellschaftliche Bündnisse entstanden, die beispielsweise die Frage der Seenotrettung im Mittelmeer, oder die Aufnahme von Flüchtlingen in offenen Städten mit neuer Verve einfordern. Ob sich diese neuen Bewegungen jedoch auf europäischer Ebene werden durchsetzen können, wird sich erst noch zeigen.

Die Verschärfung der Grenzpolitik seit 2016

Im September 2016 trafen sich die Staats- und Regierungschefs der nach dem angekündigten Austritt Großbritanniens verbleibenden 27 EU-Mitgliedstaaten zu einem informellen Gipfel in der slowakischen Hauptstadt Bratislava. Thema war die weitere Entwicklung der EU nach der Vielfachkrise der letzten Jahre: Krise des Grenzregimes, Krise der Staatsfinanzen und Brexit. Der auf dem Gipfel beschlossene »Bratislava-Fahrplan« führt als oberste Priorität das Thema »Migration und Außengrenzen« auf. Festgehalten wird, dass sich ein Kontrollverlust über die Migration, wie er ab dem Sommer 2015 sichtbar wurde, nie wiederholen dürfe, dass die irreguläre Migration wieder verringert und die Kontrolle über die Außengrenzen wiederhergestellt werden müsste.

Deshalb soll die EU an dem EU-Türkei-Deal »uneingeschränkt« festhalten. Der Deal, und die mit ihm verbundenen Instrumente, wurden in Brüssel als Blaupause für das Grenzregime nach 2015 angesehen. So wurde etwa angekündigt, dass ähnliche »Abkommen« auch mit nordafrikanischen Staaten, wie etwa Ägypten und Libyen, abgeschlossen werden sollten. Doch auch drei Jahre später ist dies nicht umgesetzt, die Verhandlungen führten zu keinem Ergebnis. So konnte Libyen, das sich weiterhin in einem unüberschaubaren Bürgerkrieg befindet, dessen Fronten sich aus beständig neuen Milizen und politischen Konstrukten zusammensetzen, nicht in die Kooperation des mediterranen Grenzregimes eingebunden werden. Zwar gelang es dem französischen und italienischen Geheimdienst, eine Miliz mit Geld dazu zu bewegen, als »Libysche Küstenwache« zu firmieren, im Mittelmeer Jagd auf MigrantInnen zu machen und die Seenotrettung durch zivile Schiffe zu sabotieren. Ob dieses menschenrechtliche Desaster jedoch geeignet ist, das Grenzregime im Mittelmeer langfristig zu stabilisieren und die gesellschaftliche Akzeptanz für solche Maßnahmen zu erhöhen, ist äußerst zweifelhaft. Gleichzeitig verschließt die EU angesichts der katastrophalen Situation in Libyen die Augen. Dort nämlich sind die MigrantInnen unter menschenunwürdigsten Umständen interniert, Folter und sexualisierte Gewalt sind an der Tagesordnung wie auch die Ausbeutung bei Sklaverei-ähnlichen Zuständen.

Auch die Bilanz der Kooperation mit der Türkei ist zweifelhaft. Eines der formulierten Ziele, nämlich die Zahl der Überfahrten in Richtung Griechenland abzusenken, ist zwar erreicht worden, die Lebensbedingungen für Flüchtlinge in der Türkei und in Griechenland aber haben sich kaum verbessert, obwohl dies als ein weiteres Ziel vereinbart wurde. Das Resettlement aus der Türkei lahmte von Beginn an, und das Regime der Hotspots hat die ägäischen Inseln faktisch aus dem europäischen Asyl-Raum ausgeschnitten und dort eine große Flüchtlingsbevölkerung geschaffen, die weder vor noch zurück kann. Mithilfe einer Sondergesetzgebung werden Menschen, die des Schutzes bedürfen, auf den Inseln festgehalten, womit ganz nebenbei die Vorstellung eines homogenen Asylsystems in Europa ad absurdum geführt wird.

Dennoch werden auch diese Maßnahmen in Brüssel als Vorläufer für das kommende Asylsystem gesehen. Schon im April 2016 stellte die Kommission die Grundzüge ihrer Reform des GEAS vor. Das Dublin-System soll verschärft werden, indem alle Fristen für eine Rücküberstellung abgeschafft werden. Und Asylsuchende, die per Dublin ihr Verfahren in einem anderen Mitgliedsstaat der EU hätten durchführen müssen, sollen von jeglichen Sozialleistungen ausgeschlossen werden. Im Zuge dieser Reform, die nun zu einer Verordnung umgewandelt werden soll, wären alle Mitgliedsstaaten der EU verpflichtet, dem eigentlichen Asylverfahren eine Zugangsprüfung vorzuschalten. Geprüft werden soll also zunächst, ob eine

Person überhaupt dazu berechtigt ist, einen Asylantrag zu stellen – hier kommen wieder die Konzepte der vermeintlich sicheren Herkunfts- und Drittstaaten zum Tragen. Diese Zugangsprüfung wurde im Rahmen des EU-Türkei-Deals in den griechischen Hotspots erprobt, um alle SyrerInnen – für welche die Türkei als sicher deklariert wurde – vom Asyl in der EU auszuschließen.

Als weiterer Punkt soll Eurodac zu einer allgemeinen Datenbank für MigrantInnen ausgebaut und nicht mehr ausschließlich für das Dublin-Verfahren genutzt werden. Überhaupt strebt die Kommission an, die existierenden Datenbanken der EU (etwa das Schengener Informationssystem, Eurodac, das Visa-Informations-System und ein noch zu schaffendes Entry-Exit-System – also ein Verzeichnis aller Ein- und Ausreisen in die EU) zu einer biometrischen Superdatenbank zu verschmelzen, in der die verschiedenen Einträge zu jeder Person zusammengeführt werden. Das Europäische Parlament hat dieses Projekt im April 2019 gebilligt, dieser neue Überwachungs- und Fahndungsmechanismus dürfte also bald zum Einsatz kommen.

Zu guter Letzt würde die Kommission gerne die Kompetenz für die Durchführung von Asylverfahren auf die europäische Ebene ziehen und zu diesem Zwecke langfristig das Europäische Asylunterstützungsbüro EASO in eine Unions-Agentur für Asyl umwandeln.

Gleichzeitig gehen die Bemühungen weiter, Migrationskontrolle zu externalisieren. Schon im November 2015 wurde in der maltesischen Hauptstadt Valletta bei einem Gipfeltreffen von Staats- und Regierungschefs aus der EU und Afrika über eine Intensivierung der Zusammenarbeit in der Migrationsverhinderung beraten, wenn auch unter dem Vorzeichen von Entwicklungs- und Außenpolitik. Die Formel »Mehr für mehr«, die die Kommission immer wieder gerne bemühte, zeigte schon, dass die EU willens ist, eine Kooperation hier zu erzwingen: Nur diejenigen afrikanischen Staaten können mit einem Mehr an Unterstützungsleistungen rechnen, die ihre Bemühungen zur Migrationskontrolle verstärken. Eine Ausweitung des Mechanismus entsprechend dem EU-Türkei-Deal und die verstärkte Investition in regionale Prozesse – hier sei vor allem der Khartum-Prozess genannt – sind denn auch die aktuellen Varianten einer forcierten Externalisierung der Migrationskontrolle. Im Rahmen dieser Prozesse ist etwa der afrikanische Staat Niger, durch den Hauptrouten der Migration nach Europa laufen, Brennpunkt europäischer Intervention geworden.

Auch in Bezug auf die EU-Außengrenze brachte das Jahr 2016 neue Entwicklungen. Seit der Gründung von Frontex im Jahr 2004 stand die Frage im Raum, wann der Agentur der EU-Grenzschutz tatsächlich überantwortet werden würde. Im Oktober 2016 wurde das Mandat dann erweitert – Frontex wurde zur »Europäischen Grenz- und Küstenwachagentur« mit der langfristigen Perspektive, eine »Europäische Grenz- und Küstenwache« zu etablieren. Mit dem neuen Mandat wurden vor allem die operativen Möglichkeiten der Agentur gestärkt. Anfang 2019 kam es dann zu einer grundsätzlichen Einigung auf eine weitere Frontex-Reform. Die Agentur wird nun bis 2027 10.000 GrenzschützerInnen einstellen, um unabhängig von den Kräften der Mitgliedsstaaten handlungsfähig zu werden.

Zusammenfassen kann man es so: Die wesentlichen Komponenten des europäischen Grenzregimes der letzten Jahrzehnte – Externalisierung der Kontrolle, Aufrüstung der Außengrenze und Verhinderung von selbstbestimmten Migrationsbewegungen im Inneren – sollen in verschärfter Form neu aufgelegt werden. Eine Umorientierung, wie sie etwa nach 2013 zeitweise im Raum stand, ist nicht erkennbar. Obwohl das Scheitern des Grenzregimes offenkundig ist – und zwar gemessen nur an den selbstgesetzten Zielen (wir sprechen also noch gar nicht von den demokratischen wie humanitären Folgen dieser Politik), scheinen keinerlei Lehren aus der Praxis der vergangenen Jahre gezogen zu werden: Aus den einschlägigen *policy*-Dokumenten lässt sich herauslesen, dass die Pläne aus den 2000er Jahren grundsätzlich immer noch als angemessen und praktikabel gelten, es eben nur an der Umsetzung hapere. Dass Migration bestenfalls verhindert und schlimmstenfalls gesteuert werden müsse, ist immer noch der unhinterfragte Konsens in Brüssel und den nationalen Hauptstädten.

Überraschenderweise sind diese Pläne teilweise aber dennoch steckengeblieben. Die Kommission hatte sich, nachdem die Frontex-Reform 2016 so schnell durchgewunken wurde, vorgestellt, dass auch alle GEAS-Reformen bis Sommer 2018 Gesetz werden sollten. Dies ist jedoch nicht passiert, und erstaunlicherweise lag dies nicht am Widerstand des Europäischen Parlaments, das wesentlich liberalere Vorstellungen zur Dublin-Reform hatte. Vielmehr konnten sich im Rat die RegierungsvertreterInnen der Mitgliedsstaaten nicht auf eine Position einigen. Rechte Regierungen aus Osteuropa waren zu keinerlei Zugeständnissen, wie etwa einer moderaten Umverteilung von Asylsuchenden innerhalb der EU zur Entlastung des Dublin-Systems, bereit. Die Verschärfungen der Regelungen seitens der Kommission waren ihnen zu sanft. Dem italienischen Innenminister Salvini wiederum waren die Umverteilungspläne nicht engagiert genug, er forderte mehr europäische Solidarität und versuchte, diese im Rahmen seiner Kampagne gegen die zivile Seenotrettung im Mittelmeer auch brachial durchzusetzen: Schiffe mit Geretteten durften nur in italienische Häfen einlaufen, wenn sich andere Mitgliedsstaaten verpflichteten, die Asylsuchenden aufzunehmen. Mehrheitsfähig sind allein die repressiven Maßnahmen wie der Ausbau von Frontex und die Verschmelzung der Datenbanken.

Vier Jahre nach dem Sommer der Migration ist die Reform des Grenz- und Migrationsregimes in der EU also erneut ins Stocken geraten, wenngleich diesmal aufgrund rechter Regierungen, die nationale Interessen über eine europäische Perspektive stellen: Sie kritisieren, dass der Kampf gegen die Migration nicht effektiv genug geführt wird. Eine erneute Krise des Grenzregimes scheint also vorprogrammiert – und von rechts vielleicht sogar erwünscht, wenn nicht forciert. Denn es steht zu befürchten, dass die Rechten eine weitere Krise als Chance nutzen, um grundlegende Garantien des Völkerrechts und des internationalen Flüchtlingsrechts abzuschaffen. Die Kampagnen gegen den (rechtlich unverbindlichen) »Global Compact for Migration« zeigen diese Strategien der neuen rechten Mobilisierungen.

In der Folge ist eine weitere Brutalisierung des Grenzregimes zu befürchten, sowohl in der legalistischen Variante der Kommission als auch in der rassistischen Stoßrichtung, die von rechts propagiert wird. Beide zielen auf die fortgesetzte Entrechtung von MigrantInnen. Auf den Routen der Migration, in den Flüchtlings- und Internierungslagern außerhalb der EU ist Gewalt gegen MigrantInnen an der Tagesordnung. Die Lebenssituation von neu ankommenden MigrantInnen ist in ganz Europa prekär, mag der soziale Ausschluss im Süden auch anders stattfinden als im Norden. Die Passage im zentralen Mittelmeer zwischen Libyen und Italien bleibt der wichtigste Reiseweg – und seit dem durch Salvini forcierten Ende ziviler Seenotrettung auch der tödlichste. Die Rückkehr zum geduldeten Sterben im Mittelmeer – noch vor wenigen Jahren undenkbar – ist längst eingetreten. Und dennoch gehen die Migrationen weiter, gekennzeichnet von Eigensinnigkeit und Beharrlichkeit, getrieben von Armut und Kriegen und beflügelt von nur allzu menschlichen Träumen von einem besseren Leben.

Ist eine andere Migrationspolitik möglich?

Mit dem Befund einer zunehmenden Brutalisierung und Entrechtung im Grenzregime stellt sich die Frage, welche politischen Alternativen es zum Status quo gibt.

Kritik an der europäischen Migrationspolitik ist meist von einer menschenrechtlichen Perspektive getragen. Dies gilt sowohl für die Kritik an der tödlichen EU-Außengrenze als auch für die an den Haft- und Lebensbedingungen von Flüchtlingen und MigrantInnen innerhalb der Europäischen Union. Bis zu einem gewissen Grad war und ist diese Kritik stark genug, um Politik zu beeinflussen. So schuf etwa die konstante kritische Begleitung der Praxis von Frontex seit der Gründung der Agentur eine politische Aufmerksamkeit, die schwerwiegende Menschenrechtsverletzungen bei Frontex-Operationen eher zur Ausnahme als zur Regel werden ließ. Initiativen wie das *Alarmphone*-Netzwerk oder NGOs, die mit eigenen Rettungsbooten im Mittelmeer operieren, haben den Druck auf die EU und nationalstaatliche Institutionen erhöht, ihrer Pflicht zur Rettung von Leben auf hoher See nachzukommen. Gleichermaßen haben zahlreiche Initiativen durch kontinuierliche Dokumentation und Veröffentlichung der Umstände, unter denen Flüchtlinge und MigrantInnen in den Mitgliedsländern festgenommen, aufgenommen, integriert und abgeschoben werden, die Schwächen des Dublin-Systems und – allgemeiner – des GEAS mit aufgedeckt.

Das Potenzial einer menschenrechtlichen Kritik am EU-Grenzregime ist damit keineswegs ausgeschöpft. Angesichts der vielen im Mittelmeer Ertrunkenen liegt die Forderung nahe, im Zuge der Europäisierung der Außengrenze nun auch eine zivile europäische Organisation für Seenotrettung zu etablieren. Aktuell erfolgen Rettungsmaßnahmen-entweder durch spendenfinanzierte NGOs und zivilgesellschaftliche Initiativen oder durch militärische und polizeiliche Akteure. Marineeinheiten der EUNAVFOR MED oder Frontex sind aber für die Seenotrettung gar nicht geeignet: Ihre Schiffe sind dafür oftmals zu hoch und sowieso nicht für die Aufnahme größerer Gruppen ausgelegt; auch eine medizinische oder psychologische Betreuung kann an Bord nicht gewährleistet werden. Vor allem aber befinden sich diese Einheiten in einem grundsätzlichen Dilemma zwischen Seenotrettung einerseits und ihrem eigentlichen Auftrag andererseits. Der lautet bekanntlich, die Seegrenzen der europäischen Union zu schützen und irreguläre Migration zu verhindern. Eine wirkliche europäische, zivile Seenotrettungsorganisation mit entsprechender Ausstattung dagegen könnte einen entscheidenden Beitrag leisten, das Sterben auf dem Mittelmeer deutlich zu verringern.

Eine weitere pragmatische Forderung ist jene nach legalen Einreisewegen für Flüchtlinge, etwa durch die Vergabe von humanitären Visa in den Botschaften und direkt an den Außengrenzen der EU. So wäre es im östlichen Mittelmeer nicht mehr notwendig, das Risiko einer Überfahrt auf die griechischen Inseln einzugehen, denn der Landweg im Norden wäre als Fluchtpassage nutzbar. Es wäre dann auch möglich, einfach mit dem Flugzeug einzureisen. Dies wäre sicherlich auch der probateste Ansatz, den Schlepper- und Schleusernetzwerken das Handwerk zu legen.

Selbstverständlich gäbe es noch eine Menge weiterer Vorschläge, wie Verfahren, Zugänge, Infrastruktur und alle Regelungen an den europäischen Außengrenzen menschenrechtskonformer gestaltet werden könnten. Allerdings stoßen wir dabei immer auf dasselbe grundsätzliche Problem: Im Zentrum der Logik des Grenzregimes steht die Absicht, Migration entweder zu verhindern oder sie zumindest regierbar und kontrollierbar zu machen. Alles, was eine menschlichere und damit selbstbestimmtere

Form der Migration ermöglichen würde, läuft dieser Logik zuwider. Schon bei der italienischen Marineoperation *Mare Nostrum* wurde das deutlich, als der deutsche Innenminister de Maizière sie als »Brücke über das Mittelmeer« kritisierte. Eine europäische Seenotrettungsorganisation wäre demselben Vorwurf ausgesetzt, oder anders gesagt: Weil sie der Migrationsabwehr entgegenstünde, kann es sie nicht geben. Die Vergabe von humanitären Visa würde in letzter Instanz wohl die Zugangsprüfung zum Asylsystem in die Botschaften in aller Welt verlagern – und ist damit kaum praktikabel.

In der gesellschaftlichen Auseinandersetzung um Flucht und Migration sind diese Forderungen nach Lebensrettung, legalen Einreisewegen und sozialer und politischer Integration in die Aufnahmegesellschaften durch eine Verbesserung der Rechtsstellung von Asylsuchenden gleichwohl wichtig. Denn so lässt sich normativ zeigen, dass die Verwehrung von Schutz und Zuflucht in Europa illegitim ist. Die lange Geschichte von Verfolgung, Unterdrückung und Krieg auf dem europäischen Kontinent selbst ist dabei die eine Seite der Argumentation; die andere Seite ist die Tatsache, dass es ja genau diese Geschichte ist, aus der die EU ihr offizielles Selbstverständnis als Friedensprojekt ableitet. Dass sich die Freiheits- und Bürgerrechte nun auf EuropäerInnen beschränken sollen, kann nur legitimieren, wer sich auf Argumentationsmuster des Kolonialismus und des Rassismus stützt und wer die weltweite Zerstörung von Lebensgrundlagen sowie die globale kapitalistische Ausbeutung zugunsten »des Nordens« in Ordnung findet.

Die Entwicklung des europäischen Asylsystems aber zeigt, wie umkämpft Asyl mittlerweile ist, wie tief in Biografien eingegriffen wird und welche massiven Ausschlüsse im Sozialen wie auch im Politischen erzeugt werden. Da nie nennenswerte legale Einreisewege nach Europa jenseits von Asyl etabliert worden sind, ist es kein Wunder, dass sich die Auseinandersetzungen um und mit der Bewegung der Migration auf das Feld des Asyls konzentrieren. Zugespitzt gesprochen, besteht der wahre Missbrauch des Asylrechts darin, es zum Zentrum des Migrationsmanagements der EU gemacht zu haben. Sämtliche flankierenden Maßnahmen wie der Aufbau von technischen Infrastrukturen, Einschränkungen der EU-internen Mobilität und der weitgehende soziale Ausschluss stellen dazu die Legitimität individueller Migrationsprojekte beständig infrage. Und auch so lässt sich das Scheitern des Grenzregimes im Sommer der Migration deuten: Das große politische Dilemma konnte nicht aufgelöst werden. Die Frage nämlich, mit welcher Legitimität und mit welchen Mitteln eine Fluchtmigration gestoppt werden sollte, während im Fernsehen täglich Bilder aus dem zerstörten Homs gesendet wurden, die an der Legitimität der Flucht keine Zweifel ließen, Sympathie und Mitgefühl für die Flüchtenden hervorriefen und ihrer Weigerung, nach den Regeln des europäischen Grenzregimes regiert und verwaltet zu werden, Kraft verliehen.

Unter dem Stichwort der »Demokratisierung der Grenze« hat der französische Philosoph Étienne Balibar Hinweise gegeben, wie eine alternative Politik auf das Grenz- und Migrationsregime Bezug nehmen kann. Er betrachtet exemplarisch die Kämpfe der *Sans-Papiers*, der undokumentierten MigrantInnen im Frankreich der 1990er Jahre, die durch ihre Anwesenheit und ihr Leben im Land faktisch längst zu seinen BürgerInnen geworden waren – auch ohne offiziellen Aufenthaltstitel. Balibar versteht danach den Begriff der Grenze als Gesamtheit der Institutionen, Diskurse, Gesetzgebungen und Infrastrukturen, die auf eine Disziplinierung der Migration ausgerichtet sind. So wird seine Forderung nach einer Demokratisierung der Grenze und also des Grenzregimes verständlich. Demokratisierung bedeutet damit die Beendigung des willkürlichen Ausschlusses eines ganzen Teils der Bevölkerung aufgrund ihrer Herkunft und eine grundlegende Transformation der Grenze und ihrer Institutionen. Demokratisiert kann sie nicht mehr im Sinne einer willkürlichen Regierung der Migration fungieren, sondern muss als eine Kontaktzone zwischen Europa und dem Rest der Welt, also zwischen den schon anwesenden und den noch kommenden BürgerInnen Europas verstanden werden.

Eine andere, gerechtere Migrationspolitik muss demnach das Ansinnen zurückweisen, Migration regierbar zu machen und aus der Tatsache der Migration Ungleichbehandlung und soziale Exklusion zu begründen. Ihr Ziel darf nicht sein, Migration menschlicher zu verwalten, vielmehr muss es ihr um die Problematisierung der Kategorie Migration selbst gehen. Dabei sollen keineswegs die gelebten Erfahrungen der Migration ausgeblendet werden, im Gegenteil. In eine solche Politik wird die Geschichte der Migration bewusst einfließen. Denn es wäre nicht nur ein Akt historischer Gerechtigkeit, die Erfahrungen jener Generationen von MigrantInnen anzuerkennen, die schon längst in Europa angekommen sind und sich hier niedergelassen haben. Ihre Perspektive darauf, was in Europa

Grenze und Ausschluss bedeutet, würde zudem unerlässliche Hinweise dafür liefern, was das Projekt einer Demokratisierung der Grenze praktisch bedeuten könnte.

Migration ist integraler Bestandteil von Gesellschaft im 21. Jahrhundert. Sie genau so zu verstehen und nach pluralen Modellen von Zugehörigkeit und Gesellschaftlichkeit zu suchen, ist die große Herausforderung einer alternativen Migrationspolitik. Eine neue, für alle gültige Vision von Gleichheit und Freiheit ist anders nicht zu haben. Gleichzeitig könnte sie jedoch ein Fundament für ein neues europäisches Projekt legen. Ein Projekt, welches Europa nicht mehr als die Summe seiner Mitgliedsstaaten versteht, sondern als eine Gesellschaft der Vielen, und das die Geschichte, Gegenwart und Zukunft der Migration als konstitutiv für Europa begreift und sich so auch in einen anderen Verhältnis zur Welt setzt. So könnte die Sackgasse des Grenzregimes und die Rückkehr des Nationalismus in Europa gebannt werden.

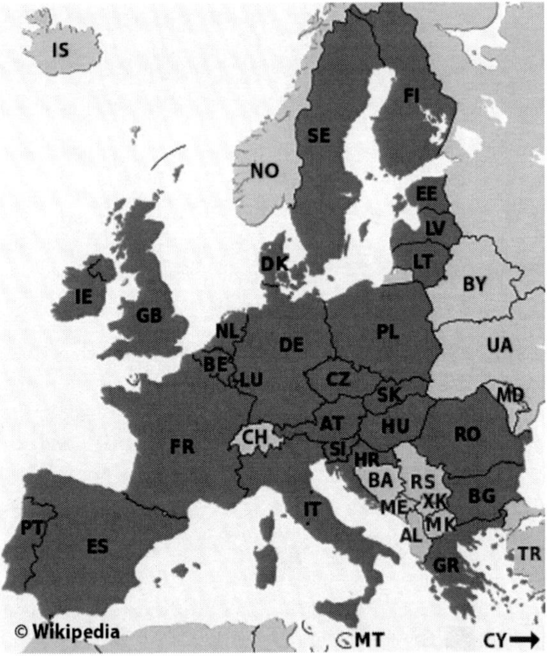

Die Europäische Union: Mitglieder, Kandidaten (kursiv) [Nicht-Mitglieder]
AL: Albanien | AT: Österreich | *BA: Bosnien und Herzegowina* | BE: Belgien | BG: Bulgarien | CY: Zypern | CZ: Tschechien | DE: Deutschland | DK: Dänemark | EE: Estland | ES: Spanien | FI: Finnland | FR: Frankreich | GB: Vereinigtes Königreich | GR: Griechenland | HR: Kroatien | HU: Ungarn | IE: Irland | IT: Italien | LT: Litauen | LU: Luxemburg | LV: Lettland | *MD: Moldawien* | *ME: Montenegro* | *MK: Mazedonien* | MT: Malta | NL: Niederlande | PL: Polen | PT: Portugal | RO: Rumänien | *RS: Serbien* | SE: Schweden | SI: Slowenien | SK: Slowakei | *TR: Türkei* | *XK: Kosovo* ||| [BY: Belarus | CH: Schweiz | IS: Island | NO: Norwegen | UA: Ukraine]

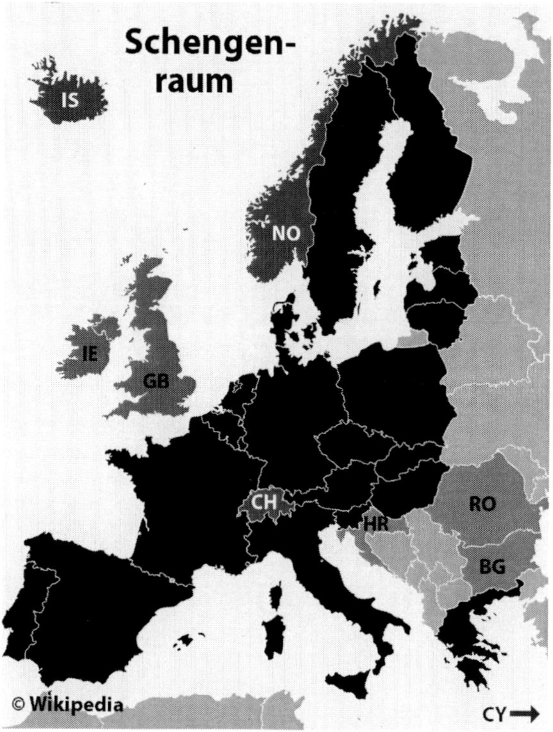

Schengenstaaten ohne EU-Mitgliedschaft: IS = Island, NO = Norwegen, CH = Schweiz, Fürstentum Liechtenstein (= FL, nicht auf der Karte);
zukünftige Schengenstaaten: HR = Kroatien, RO = Rumänien, BG = Bulgarien, CY = Zypern (nicht auf der Karte): Noch grenzt Griechenland nur an Staaten, die nicht Schengen-Mitglieder sind (vgl. Seite 57)

Portugal
Spanien
Ostatlantik
Marokko
Kanarische Inseln
Algerien
Westsahara
Mauretanien
Mali
Senegal
© Google

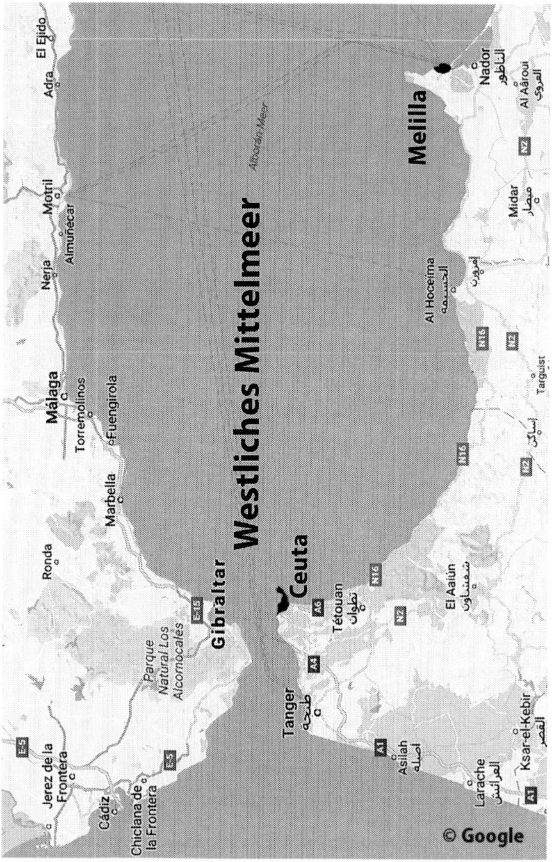
Westliches Mittelmeer
Alborán Meer
Gibraltar
Ceuta
Melilla
El Ejido
Adra
Motril
Almuñecar
Nerja
Málaga
Torremolinos
Fuengirola
Marbella
Ronda
Parque Natural Los Alcornocales
Jerez de la Frontera
Cádiz
Chiclana de la Frontera
E-5
E-15
Tanger
طنجة
Tétouan
تطوان
A4
A6
N16
N2
A1
Asilah
Larache
Ksar-el-Kebir
El Aaiún
Al Hoceima
Targuist
Midar
Nador
Al Aâroui
© Google

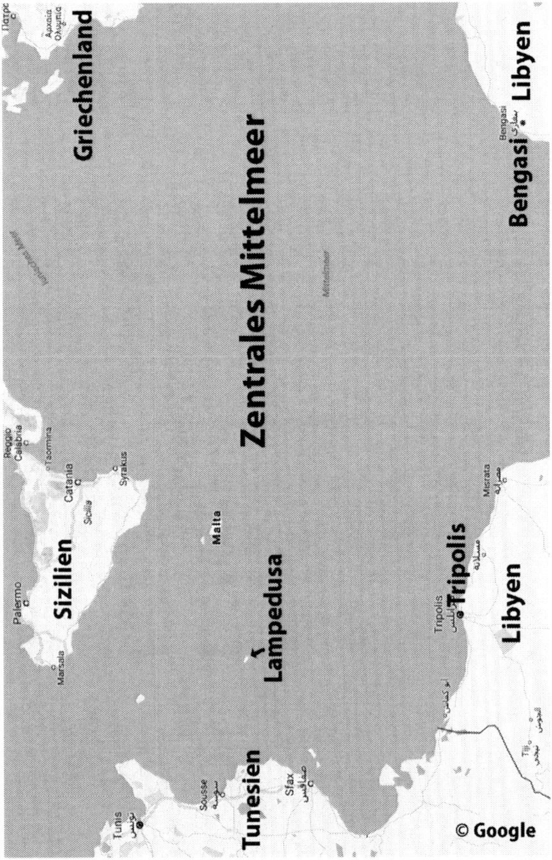
Griechenland
Zentrales Mittelmeer
Libyen
Bengasi
Sizilien
Palermo
Marsala
Catania
Syrakus
Taormina
Reggio Calabria
Malta
Lampedusa
Tripolis
Misrata
Libyen
Tunesien
Tunis
Sousse
Sfax
© Google

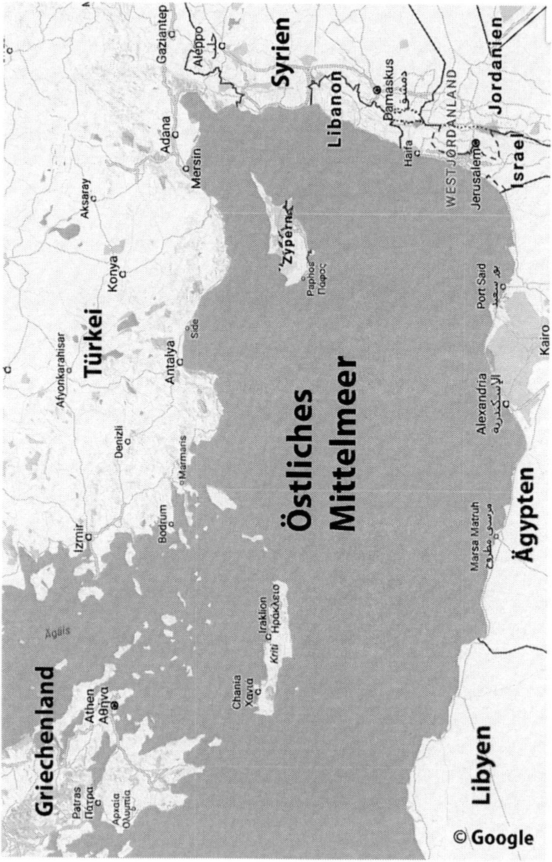
Griechenland
Türkei
Syrien
Libanon
Jordanien
Israel
WESTJORDANLAND
Ägypten
Libyen
Östliches Mittelmeer
Zypern
Gaziantep
Aleppo
Adana
Mersin
Aksaray
Konya
Afyonkarahisar
Antalya
Side
Denizli
Marmaris
Izmir
Bodrum
Athen
Αθήνα
Patras
Πάτρα
Αρχαία Ολυμπία
Chania
Χανιά
Iraklion
Ηράκλειο
Kriti
Paphos
Πάφος
Damaskus
Haifa
Jerusalem
Port Said
Kairo
Alexandria
Marsa Matruh
© Google

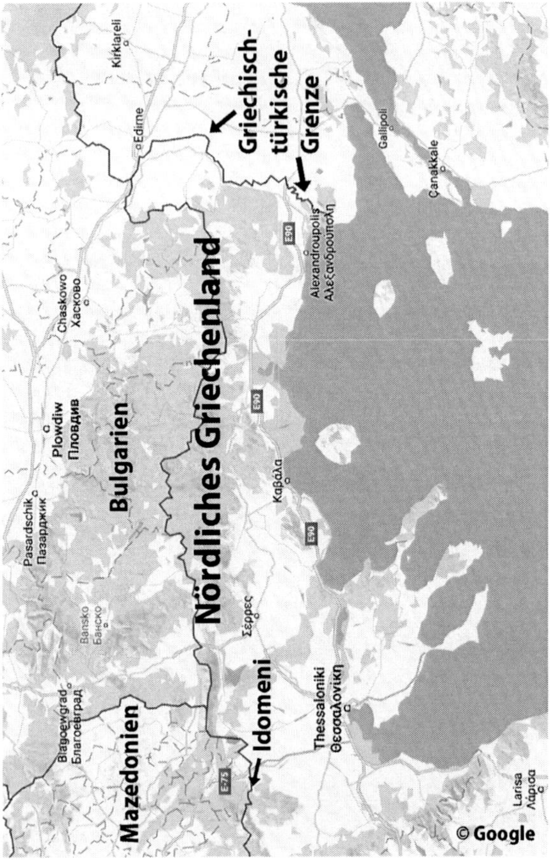
Mazedonien
Idomeni
Bulgarien
Nördliches Griechenland
Griechisch-türkische Grenze
Blagoewgrad
Благоевград
Bansko
Банско
Pasardschik
Пазарджик
Plowdiw
Пловдив
Chaskowo
Хасково
Edirne
Kirklareli
Σέρρες
Καβάλα
Thessaloniki
Θεσσαλονίκη
Alexandroupolis
Αλεξανδρούπολη
Gallipoli
Çanakkale
Larisa
Λάρισα
E75
E90
© Google

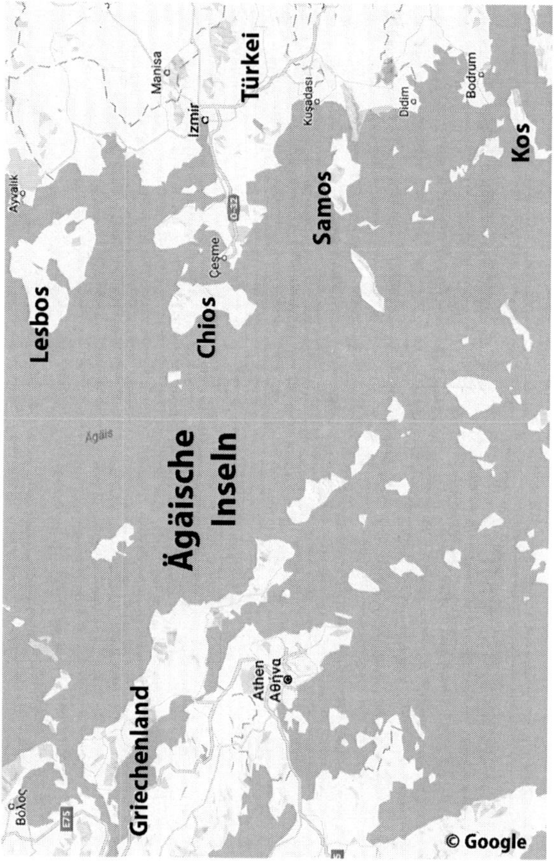
Lesbos
Chios
Samos
Kos
Türkei
Ägäische Inseln
Griechenland
Athen
Αθήνα
Izmir
Manisa
Kuşadası
Didim
Bodrum
Ayvalık
Çeşme
Βόλος
Ägäis
E75
O-32
© Google

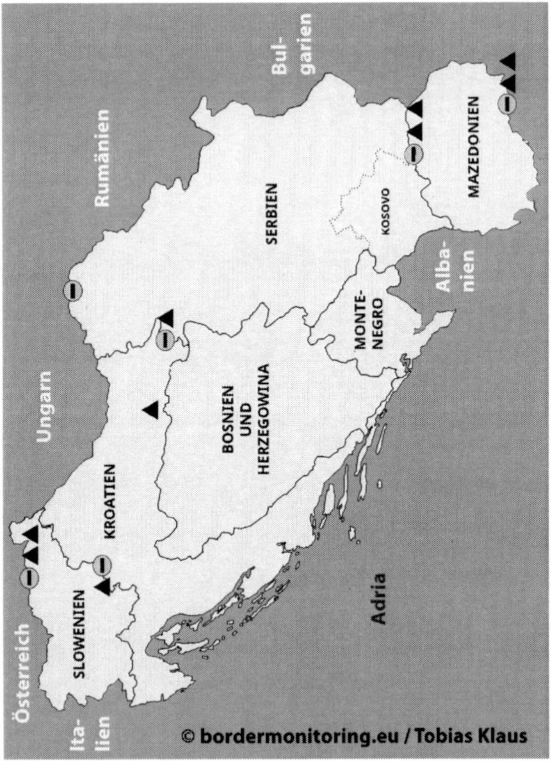

Grenzübergänge ⊖ und Flüchtlingslager ▲ an den Balkanrouten:
1: Idomeni/Gevgelija | 2: Tabanovce/Preševo | 3: Šid | 4: Slavonski Brod | 5: Rözske | 6: Brežice | 7: Šentilj/Spielfeld

Glossar

Asyl

Asyl steht im weiteren Sinne für Flüchtlingsschutz. International wird der Flüchtlingsschutz durch die → GFK garantiert, in Deutschland hat das Grundrecht auf Asyl als Konsequenz aus dem Nationalsozialismus Verfassungsrang und ist im Art. 16a Grundgesetz festgeschrieben.

EAM

European Agenda on Migration, Europäische Migrationsagenda. Die EAM wurde im Mai 2015 von der Juncker-Kommission vorgestellt und ist ein Strategiedokument, das die Fortschreibung europäischer Migrations- und Grenzpolitiken bündelt. Es kann als Reaktion auf die schleichende Krise des Schengener Systems seit 2010 gelesen werden.

EASO

European Asylum Support Office, Europäisches Asylunterstützungsbüro mit Sitz in Valletta, Malta. Das EASO wurde 2011 durch die EU gegründet und soll EU-Mitgliedstaaten bei der Umsetzung des → GEAS beraten. 2016 schlug die Kommission vor, das EASO in eine Europäische Asylagentur umzuwandeln.

EGMR
Europäischer Gerichtshof für Menschenrechte mit Sitz in Straßburg. Der EGMR ist der Gerichtshof des → Europarats und wacht über die Einhaltung der → Europäischen Menschenrechtskonvention. Er ist damit *nicht* Teil des EU-Systems.

EMRK
Europäische Menschenrechtskonvention von 1950. Sie ist die Menschenrechtserklärung des → Europarates und wird durch den → EGMR durchgesetzt.

EuGH
Europäischer Gerichtshof mit Sitz in Luxemburg. Er ist das höchste Gericht der Europäischen Union, existiert seit 1952 und ist zuständig für die Auslegung der europäischen Verträge.

eu-LISA
Europäische Agentur zum Betrieb verschiedener Datenbanken wie etwa → SIS, → Eurodac oder → VIS. Gegründet 2012.

EUNAVFOR MED Sophia
European Union Naval Forces Mediterranean, Seestreitkräfte der Europäischen Union im Mittel-

meer. Europäische Marinemission im Mittelmeer, mit dem Ziel, Schlepper- und Schleusernetzwerke im Mittelmeer zu zerschlagen. In der ersten Phase ab Juli 2015 nur Seeaufklärung, seit Oktober 2015 auch Aufbringen verdächtiger Schiffe (Phase 2). Perspektivisch soll es in einer dritten Phase auch zu Bodeneinsätzen in Libyen kommen.

Eurodac

European Dactyloscopy ist eine EU-weite Fingerabdruckdatenbank, in der Daten von irregulären MigrantInnen und Asylsuchenden gespeichert werden. Eurodac wurde 2003 gestartet und ist eine wichtige Grundlage des Dublin-Systems.

Europäische Kommission

Exekutivorgan der EU mit Sitz in Brüssel. Die Kommission ist »Hüterin der Verträge«, zu ihren Aufgaben gehört die Entwicklung von Politikstrategien und deren Umsetzung; sie verwaltet zudem den EU-Haushalt. Jeder EU-Staat delegiert ein Mitglied. Sitz ist Brüssel.

Europäischer Rat

Oberstes Gremium der EU. Im Rat sitzen die nationalen Regierungen aller EU-Staaten, in der Regel also die jeweiligen Staats- und Regierungschefs. Der Europäische Rat tagt in Brüssel (EU-Gipfel). Er setzt die Prioritäten und Ziele der EU-Politik. Nicht zu verwechseln mit dem → Rat der Europäischen Union.

Europäisches Parlament
Gemeinsam mit dem → Rat der Europäischen Union gesetzgebendes Organ der Europäischen Union mit wechselndem Sitz in Brüssel und Straßburg. 750 Mitglieder aus den EU-Mitgliedstaaten werden für eine Legislaturperiode von fünf Jahren gewählt. Gegründet 1952 und durch die Verträge von Maastricht (1992) und Lissabon (2007) aufgewertet.

Europarat
Gremium der politischen Zusammenarbeit in Europa mit aktuell 47 Mitgliedstaaten, beispielsweise auch Russland und der Türkei. Gegründet 1949.

Eurosur
European Border Surveillance System, Europäisches Grenzüberwachungssystem. Seit 2013 im Betrieb, soll Eurosur allen beteiligten europäischen Grenzschutzeinheiten einen Überblick über das Gesche-

hen an der europäischen Außengrenze bieten. Zu diesem Zweck werden Daten gesammelt und auf einer interaktiven Karte visualisiert. Geplant ist auch die Einbeziehung weiterer Überwachungstechnologien, wie etwa Satelliten und Drohnen.

Frontex

Europäische Agentur für die Grenz- und Küstenwache, gegründet 2004 mit Sitz in Warschau. Bis 2016 stand Frontex für »Europäische Agentur für die operative Zusammenarbeit an den Außengrenzen der Mitgliedstaaten der Europäischen Union«. Langfristig soll daraus eine Organisation für die europäische Grenz- und Küstenwache werden; aktuell ist Frontex mit der Durchführung von Risikoanalysen, Einzeloperationen, Forschung zu Grenzschutztechnologien, Ausbildung und Abschiebungen betraut.

GEAS

Gemeinsames Europäisches Asylsystem, seit 1999 in Kraft. Das GEAS steht für die Bemühungen, ein einheitliches Asylsystem auf europäischer Ebene zu schaffen, das unter dem Motto »Raum des Schutzes« firmiert. Eine Reihe von Richtlinien und Verordnungen sollen einen gemeinsamen Rechtsrahmen und eine fortschreitende Harmonisierung von nationalen Asylsystemen gewährleisten.

GFK

Genfer Flüchtlingskonvention, offiziell »Abkommen über die Rechtsstellung der Flüchtlinge«, wurde 1951 von einer UN-Sonderkonferenz unterzeichnet. Sie ist ein völkerrechtlicher Vertrag, Fundament des internationalen Flüchtlingsrechts und die Grundlage für die Arbeit des UNHCR.

Hotspot

Mehrdeutiger Begriff aus der → EAM. Er steht einerseits für Abschnitte der europäischen Außengrenze mit einem hohen Aufkommen irregulärer Migration (»Brennpunkt«), andererseits auch für einen neuen Typ von grenznahem Registrierungszentrum für Asylsuchende. Seit 2016 existieren elf solcher Hotspot-Zentren in Italien und Griechenland.

IBM

Integrated Border Management, Integrierte Grenzverwaltung. Konzept der Europäischen Union, um die Arbeit der an der Grenze aktiven staatlichen Institutionen zu koordinieren und zu bündeln, wie etwa Grenzschutz, Zoll und Seuchenkontrolle.

IOM
International Organization for Migration. Die IOM, erst seit 2016 Teil des Systems der Vereinten Nationen, ist aus einer Hilfsorganisation für Flüchtlinge nach dem Zweiten Weltkrieg hervorgegangen. In den 1990er Jahren lag ihr Fokus auf der Schaffung eines globalen Migrationsregimes ähnlich dem Freihandelssystem im Rahmen der WTO (World Trade Organization). Praktisch führt sie mittlerweile vor allem Auftragsprogramme für einzelne Staaten aus, etwa die Programme der sogenannten »freiwilligen Rückkehr«.

JO
Joint Operation, Gemeinsame Operation. Die JOs sind die Grenzeinsätze von → Frontex, unter Einbeziehung von Grenzschutzeinheiten aus der gesamten EU.

Khartum-Prozess
Informeller politischer Prozess unter Beteiligung von 58 Staaten aus Afrika und Europa, der zu einer vertieften Kooperation bei der frühzeitigen Kontrolle »irregulärer« Migration führen soll. Initiiert im November 2014, konzentriert sich der Prozess auf das Horn von Afrika und bezieht explizit Diktaturen

wie etwa Eritrea oder autoritäre Regime wie Sudan und Äthiopien ein. Ähnliche Prozesse existieren im Bezug auf das Mittelmeer (Barcelona-Prozess seit 1995) und Nordafrika (Rabat-Prozess seit 2006).

Mare Nostrum

Humanitäre Marineoperation Italiens zwischen November 2014 und November 2015, in deren Rahmen italienische Marineeinheiten im zentralen Mittelmeer in Seenot geratene Flüchtlingsboote aktiv suchten und die InsassInnen nach Italien brachten. Auf Druck durch die EU wurde im August 2015 das Ende der Operation beschlossen. → Triton

Pushback

Informeller Begriff für die illegale Zurückweisung und Rückschiebung (Refoulement) von schutzbedürftigen Personen nach → GFK an der Grenze.

RABIT

Rapid Border Intervention Teams, Grenzschutzschnelleinheiten. Krisenreaktionskräfte der europäischen Grenzschutzagentur → Frontex. Aufgrund von Zusagen von EU-Mitgliedstaaten verfügt Frontex über die Möglichkeit, innerhalb von 14 Tagen Einsatzkräfte für eine Grenzschutzoperation zu mobilisieren. Rechtliche Grundlage ist die erste Frontex-Reform von 2007. Bisher kam es 2010 und 2015 zu RABIT-Einsätzen in Griechenland.

Rat der Europäischen Union

Ein Gremium mit wechselnder Besetzung aus nationalen Ministerien, informell auch »Rat« oder »EU-Ministerrat« genannt. Gemeinsam mit dem Europäischen Parlament stellt der Rat die Legislative, also das gesetzgebende Organ der EU dar.

RPA

Regional Protection Areas, Regionale Schutzzonen. RPA wurden 2003 zeitgleich mit den → TPC vom damaligen britischen Premierminister Tony Blair vorgeschlagen. Im Kern geht es darum, Fluchtbewegungen in geografischer Nähe zu ihrem Ursprung und gegebenenfalls unter Einsatz von Militär zu stoppen, bevor sie Europa erreichen könnten. Der Vorschlag wurde nicht in dieser Form umgesetzt, die Grundidee taucht aber immer wieder auf.

SIS

Schengener Informationssystem, eine EU-weite Polizei- und Fahndungsdatenbank. Entstanden im Rahmen der Schengener Verträge. Start 1995, seit

2013 in der um biometrische Merkmale erweiterten zweiten Generation (SIS II) in Betrieb.

SIVE

Sistema Integrado de Vigilancia Exterior, Integriertes System der Außengrenzüberwachung. Technologische Aufrüstung der spanischen Grenzen seit Ende der 1990er Jahre, vor allem in Richtung Afrika. Ziel war die Schaffung von Überwachungskapazitäten, die ein schnelles Eingreifen der Grenzschutzpolizei ermöglichen sollten. Das SIVE stellt die Blaupause für die Aufrüstung der europäischen Grenzen dar.

TPC

Transit Processing Centre. TPC wurde 2003 zeitgleich mit den → RPA vom damaligen britischen Premierminister Tony Blair vorgeschlagen. Danach sollen Zentren außerhalb der Europäischen Union geschaffen werden, in denen Asylsuchende die Bearbeitung ihres Asylantrags abwarten sollen, anstatt nach Europa einzureisen. Der Vorschlag wurde nicht umgesetzt, wird aber immer wieder vorgebracht.

Triton

JO Triton ist die durch Frontex geleitete Operation im zentralen Mittelmeer, die Ende 2015 → Mare

Nostrum ersetzte. Im Gegensatz zu Mare Nostrum beschränkte sich Triton anfänglich auf die Gewässer rund um Italien, erst seit April 2015 kommt es wieder teilweise zu einer Ausweitung auf die Gewässer zwischen Italien und Libyen.

UNHCR

United Nations High Commissioner for Refugees, Hoher Flüchtlingskommissar der Vereinten Nationen. Steht für die Flüchtlingsorganisation der Vereinten Nationen, manchmal auch UN Refugee Agency genannt, die 1950 von der UN-Vollversammlung beschlossen wurde und ihren Sitz in Genf hat. Der UNHCR kümmert sich weltweit um Flüchtlinge und Staatenlose; innerhalb Europas ist er aufgrund des existierenden Asylsystems eher mit Beobachtung und Lobbying befasst. Die Rolle des UNHCR ist nicht unumstritten, da seine konkrete Rolle zwischen Parteinahme für die Belange der Flüchtlinge einerseits und Mithilfe bei der Verwaltung von Flüchtlingen andererseits nicht immer klar ist.

VIS

Visa Information System, Visa-Informationssystem. EU-Datenbank zur Speicherung und Austausch von Informationen über Visa. Gegründet 2011.

Weiterführende Literatur

Sachbücher

Justin Akers Chacón / Mike Davis: Crossing the Border: Migration und Klassenkampf in der US-amerikanischen Geschichte. Berlin, Hamburg: Assoziation A 2007. 352 Seiten, 15,99 Euro. | Migrationskontrolle und Grenze sind ein globales Phänomen, und dieses Buch vermittelt, wie unterschiedlich die Regularien zur Migration in die USA ausgestaltet sind.

AutorInnenkollektiv: Ohne Papiere in Europa. Illegalisierung der Migration – Selbstorganisierung und Unterstützungsprojekte in Europa. Berlin, Hamburg: Schwarze Risse / Rote Strasse & VLA 2000. 287 Seiten, antiquarisch. | Das AutorInnenkollektiv aus dem Umfeld des *kein-mensch-ist-illegal*-Netzwerks hat verschiedene Beiträge zur Situation von MigrantInnen in Europa zum Jahrtausendwechsel zusammengetragen, u.a. aus Frankreich, England, Polen, Italien, Belgien und Portugal.

Étienne Balibar: Sind wir Bürger Europas? Politische Integration, soziale Ausgrenzung und die Zukunft des Nationalen. Hamburg: Hamburger Edition 2003. 290 Seiten, 25,- Euro. | Das große Verdienst dieses Buches ist es, den Prozess der europäischen Einigung nicht aus der Perspektive jener zu diskutieren, die schon über eine nationale europäische Staatsbürgerschaft verfügen, sondern die Frage nach der Ausgrenzung und den Rechten der MigrantInnen zu stellen.

Étienne Balibar: Europa: Krise und Ende. Münster: Westfälisches Dampfboot 2016. 250 Seiten, 24,99 Euro. | In Anbetracht der Vielfachkrisen in Europa fragt der französische Philosoph, ob und in welcher Form es eine Neugründung des europäischen Projektes auf Grundlage der Demokratie geben kann und muss.

Wolfgang Bauer: Über das Meer. Mit Syrern auf der Flucht nach Europa. Frankfurt/Main: Suhrkamp 2014. 133 Seiten, 14,- Euro. | Der Reporter Wolfgang Bauer hat syrische Flüchtlinge auf ihrem Weg nach Europa, über das Meer und in die erzwungene Klandestinität begleitet und schildert in seinem Buch plastisch, welche Entbehrungen und Grausamkeiten das europäische Grenzregime tagtäglich erzeugt.

Zygmunt Bauman: Die Angst vor den anderen: Ein Essay über Migration und Panikmache. Frankfurt/Main: Suhrkamp 2016. 125 Seiten, 12,- Euro. | Der 2017 verstorbene Soziologe geht der Frage nach, wieso Migration sich zu einem der Reizthemen der europäischen Gesellschaften entwickelt hat und wie und warum damit immer wieder Panik geschürt wird.

Madjiguène Cissé: Papiere für alle. Die Bewegung der Sans Papiers in Frankreich. Berlin, Hamburg: Assoziation A 2002. 224 Seiten, 16,- Euro. | Eine Sprecherin von *Sans-Papiers* beschreibt den Kampf für ein Aufenthaltsrecht in den 1990er Jahren in Frankreich. Die Bewegung stieß europaweit Selbstorganisierungsprozesse von Flüchtlingen und MigrantInnen an.

Franck Düvell: Die Globalisierung des Migrationsregimes: Zur neuen Einwanderungspolitik in Europa. Berlin, Hamburg: Assoziation A 2002. 120 Seiten, antiquarisch. | Klassischer Text aus der antirassistischen Bewegung, in dem die kommenden Konturen der Migrationspolitik nach dem Ende des Ost-West-Konflikts in Europa beschrieben werden.

Fabrizio Gatti: Bilal: Als Illegaler auf dem Weg nach Europa. Reinbek: Rowohlt 2011. 544 Seiten, 11,99 Euro. | Eine Reportage über Routen der Migration von Senegal über Libyen nach Europa. Stellenweise ein wenig reißerisch, vermittelt das Buch dennoch einen Eindruck davon, welche Hindernisse Flüchtlinge und MigrantInnen auf dem Weg nach Europa meistern müssen.

Jürgen Gottschlich / Sabine am Orde (Hg.): Europa macht dicht. Wer zahlt den Preis für unseren Wohlstand? Frankfurt/Main: Westend 2011. 220 Seiten, 12,99 Euro. | Ein Sammelband, der sich mit der europäischen Migrationspolitik auseinandersetzt und diese aus menschenrechtlicher Perspektive kritisiert.

Wolfgang Grenz / Julian Lehmann / Stefan Keßler: Schiffbruch: Das Versagen der europäischen Flüchtlingspolitik. München: Knaur 2015. 208 Seiten, 12,99 Euro. | Eine kurze und zugespitzte Einführung in die europäische Flüchtlings- und Asylpolitik vor dem Sommer der Migration 2015.

Sabine Hess / Bernd Kasparek (Hg.): Grenzregime: Diskurse, Praktiken, Institutionen in Europa. Berlin, Hamburg: Assoziation A 2010. 296 Seiten, antiquarisch. | Der erste Band der Grenzregime-Reihe des Netzwerks für Kritische Migrations- und Grenzregimeforschung versammelt Beiträge zu Migrationspolitiken in und um Europa, zu Akteuren und Praktiken des Grenzregimes sowie zur Methodik und Theorie der Grenzregimeforschung.

Lisa-Marie Heimeshoff / Sabine Hess / Stefanie Kron / Helen Schwenken / Miriam Trzeciak (Hg.): Grenzregime II: Migration | Kontrolle – Wissen. Transnationale Perspektiven. Berlin, Hamburg: Assoziation A 2014. 328 Seiten, 18,- Euro. – Der zweite Band der Grenzregime-Reihe wirft einen globaleren Blick auf Grenz- und Migrationspolitiken.

Sabine Hess / Bernd Kasparek / Stefanie Kron / Mathias Rodatz / Maria Schwertl / Simon Sontowski (Hg.): Der lange Sommer der Migration. Grenzregime III. Berlin, Hamburg: Assoziation A 2016. 272 Seiten, 18,- Euro. | Der dritte Band der Grenzregime-Reihe liefert eine erste Bestandsaufnahme nach den Migrationen des Sommers 2015 und beleuchtet die Restabilisierungsversuche des Grenzregimes, mit besonderem Fokus auf das Mittelmeer.

Christian Jakob: Die Bleibenden: Wie Flüchtlinge Deutschland seit 20 Jahren verändern. Berlin: Ch. Links 2016. 256 Seiten, 18,- Euro. | Der Autor schildert anhand der Biografien von Flüchtlingen und ihrer Kämpfe um Rechte, welchen transformativen Einfluss diese Form der Zuwanderung auf Deutschland und seine Zivilgesellschaft hatte.

Christian Jakob: Gegenhalten – Flüchtlinge Willkommen – immer noch! Mythen und Fakten zur Migrations- und Flüchtlingspolitik. Berlin: Rosa Luxemburg Stiftung 2016. Frei zugänglich, nur online: www.rosalux.de/publikation/id/7285/gegenhalten-fluechtlinge-willkommen-immer-noch/. | Die Broschüre liefert auf rund 80 Seiten Grundwissen zu Flucht und Migration ergänzt um Argumentationen für eine gerechtere und humanere Politik. Trotz der Schwere des Themas ein leichter und verständlicher Einstieg.

Komitee für Grundrechte und Demokratie: Jahrbuch 2009: Jenseits der Menschenrechte: Die europäische Flüchtlings- und Migrationspolitik. Münster: Westfälisches Dampfboot 2009. 280 Seiten, 19,90 Euro. | 14 Beiträge zu verschiedenen Aspekten von Migration: Feminisierung, Rohstoffproblematik, Länderbeispiele, solidarische Organisationen, Rassismus des europäischen Grenzregimes u.a., ergänzt um zahlreiche Dokumente.

Beat Leuthardt: An den Rändern Europas: Berichte von den Grenzen. Zürich: Rotpunktverlag 1999. 315 Seiten, antiquarisch. | Eine der ersten journalistischen Reportagen, die sich mit dem Effekt des entstehenden Schengener Systems auf die Anrainerstaaten auseinandersetzen.

Corinna Milborn: Gestürmte Festung Europa. Einwanderung zwischen Stacheldraht und Ghetto. Das Schwarzbuch. Frankfurt/Main: Fischer Taschenbuch 2006. 240 Seiten, antiquarisch. | Reportage zu den schon in den 2000er Jahren umkämpften Grenzen Europas und ihren brutalen Auswirkungen.

Miltiadis Oulios: Blackbox Abschiebung: Geschichte, Theorie und Praxis der deutschen Migrationspolitik. Frankfurt/Main: Suhrkamp 2015. 512 Seiten, 16,- Euro. | Die Abschiebung ist die vielleicht stärkste staatliche Affirmation des Anspruchs, Migration zu kontrollieren und sie rückgängig zu machen. Anhand individueller Fälle von Abgeschobenen, historischen Rückblicken und einer Einordnung der Abschiebepraxis in die aktuelle Migrationspolitik nähert sich Miltiadis Oulios diesem gewaltvollen Verwaltungsakt aus verschiedensten Perspektiven an.

Claire Rodier: Xenophobie Business. Wer profitiert vom Grenzregime? Münster: Unrast 2015. 144 Seiten, 13,- Euro. | Das Grenzregime gibt Milliarden aus zur Entwicklung von Technologien, die beispielsweise an der Grenze oder im Betrieb von Lagern für Asylsuchende eingesetzt werden. Claire Rodier folgt dem Geld und benennt privatwirtschaftliche Unternehmen, die ihre Profite mit dem Grenzregime machen.

Doug Saunders: Die neue Völkerwanderung – Arrival City. München: Pantheon 2013. 576 Seiten, 16,99 Euro. | Migration wird meistens aus nationalstaatlicher Perspektive diskutiert. In diesem Buch beleuchtet Doug Saunders die weltweiten Land-Stadt-Migrationen, wie sie Städte prägen und verändern und welche Strategien Stadtregierungen anwenden, um diese Form der Migration zu kontrollieren.

Helen Schwenken: Globale Migration zur Einführung. Hamburg, Junius 2018. 240 Seiten, 14,90 Euro. | Kurze, sehr lesensbare vor allem sozialwissenschaftliche Einführung zur Migration aus einer globalen Perspektive.

Wissenschaft

Manuela Bojadžijev: Die windige Internationale. Rassismus und Kämpfe der Migration. Münster: Westfälisches Dampfboot 2007. 310 Seiten, 29,90 Euro. | Anhand migrantischer Kämpfe in Deutschland folgt Manuela Bojadžijev den Konjunkturen rassistischer Politiken und entwickelt eine relationale Theorie des Rassismus.

Sonja Buckel: »Welcome to Europe«. Die Grenzen des europäischen Migrationsrechts. Juridische Auseinandersetzungen um das »Staatsprojekt Europa«. Bielefeld: transcript 2013. 372 Seiten, 33,80 Euro. | Das europäische Grenzregime ist auch auf der rechtlichen Ebene umkämpft. Sonja Buckel zeichnet anhand von drei Fallbeispielen, inklusive des Hirsi-Falles, den Einfluss dieser Auseinandersetzungen auf das Grenzregime nach.

Forschungsgruppe Transit Migration (Hg.): Turbulente Ränder: Neue Perspektiven auf Migration an den Grenzen Europas. Bielefeld: transcript 2007. 252 Seiten, 24,80 Euro. | Die Beiträge des Bandes beleuchten aus ethnografischer Perspektive die Migration, aber auch die Rekonfiguration des europäischen Grenzregimes als Reaktion.

Forschungsgruppe »Staatsprojekt Europa« (Hg.): Kämpfe um Migrationspolitik. Theorie, Methode und Analysen kritischer Europaforschung. Bielefeld: transcript 2014. 304 Seiten, 24,99 Euro. | Aufsätze aus der Analyseperspektive der materialistischen Staatstheorie zu Asyl, Migrationsmanagement, Dublin, Frontex, Fachkräftemangel und Krise.

Gerda Heck: »Illegale Einwanderung«: Eine umkämpfte Konstruktion in Deutschland und den USA. Münster: Unrast 2008. 280 Seiten, 24,- Euro. | Eine vergleichende Studie zu den Diskursen, Akteuren und Praktiken der »illegalen Einwanderung«.

Serhat Karakayali: Gespenster der Migration: Zur Genealogie illegaler Einwanderung in der Bundesrepublik Deutschland. Bielefeld: transcript 2008. 296 Seiten, 28,80 Euro. | Die »illegale« Einwanderung ist eines der Schlüsselwörter, die eine repressive Migrationspolitik immer wieder legitimieren sollen. Serhat Karakayali zeichnet in seinem Buch die Geschichte des Phänomens nach und zeigt, in welchem Wechselverhältnis die sich wandelnden Formen der irregulären Einwanderung und der Versuche, sie zu regulieren, stehen.

Silja Klepp: Europa zwischen Grenzkontrolle und Flüchtlingsschutz: Eine Ethnographie der Seegrenze auf dem Mittelmeer. Bielefeld: transcript 2011. 428 Seiten, 34,80 Euro. | Seit Anfang der 2000er Jahre ist das Mittelmeer zwischen Libyen und Italien ein Brennpunkt der Auseinandersetzung zwischen Grenzregime und Migration. In ihrer Ethnografie zeichnet Silja Klepp ein dichtes Porträt des Geschehens im Mittelmeer und zeigt, wie die Praktiken des Grenzregimes zwischen Europa und Nordafrika allmählich zu Politiken werden.

Redaktion movements: movements. Journal für kritische Migrations- und Grenzregimeforschung. Bielefeld: transcript (www.movements-journal.org). | Das Journal erscheint zweimal pro Jahr als Themenausgabe (bisher: Europäisches Grenzregime, Kämpfe der Migration, Rassismus). Alle Ausgaben sind auf der Webseite des Journals frei erhältlich.

Helen Schwenken: Rechtlos, aber nicht ohne Stimme: Politische Mobilisierungen um irreguläre Migration in die Europäische Union. Bielefeld: transcript 2006. 374 Seiten, 16,- Euro. | »Illegalität« und politische, also sichtbare Mobilisierung, das hört sich zuerst wie ein Widerspruch an. Doch nicht erst seit den Kämpfen der *Sans-Papiers* im Frankreich der 1990er Jahre ist es immer wieder zu politischen Mobilisierungen gegen die Illegalisierung von MigrantInnen gekommen.

Jens Wissel: Staatsprojekt EUropa: Grundzüge einer materialistischen Theorie der Europäischen Union. Münster: Westfälisches Dampfboot 2015. 288 Seiten, 29,90 Euro. | Jens Wissel entwickelt anhand von drei Fallbeispielen, der Unionsbürgerschaft, der Blue Card und der Grenzschutzagentur Frontex, eine Theorie der Europäischen Union, die deren Entwicklung als Konsequenz gesellschaftlicher Auseinandersetzungen versteht.

Erzählende Literatur

Tahar Ben Jelloun: Verlassen. Berlin: Berlin Verlag 2014. 272 Seiten, 9,99 Euro. | Ein Roman über den Blick auf Spanien und Europa aus Tanger in Marokko.

Fatou Diome: Der Bauch des Ozeans. Zürich: Diogenes 2005. 288 Seiten, 11,- Euro. | Ein Roman über die Migration aus Afrika und das Leben in Europa.

Abasse Ndione: Die Piroge. Berlin: Transit 2014. 96 Seiten, antiquarisch. | Der Roman erzählt die Überfahrt von 30 SenegalesInnen auf die Kanarischen Inseln.

Boualem Sansal: Harraga. Vastorf: Merlin 2011. 388 Seiten, 15,80 Euro. | In dem Roman geht es um Lamia, eine algerische Frau, deren Bruder auf dem Weg nach Europa verschollen ist.